張夢機著

藥樓文稿

文史哲學集成

文史哲出版社印行

國立中央圖書館出版品預行編目資料

藥樓文稿 / 張夢機著. -- 初版. -- 臺北市 :
文史哲, 民84
面 ; 公分. -- (文史哲學集成 ; 341)
ISBN 957-547-925-4(平裝)

848.6　　　　84001875

文史哲學集成 341

藥樓文稿

著者：張夢機
出版者：文史哲出版社
登記證字號：行政院新聞局局版臺業字五三三七號
發行人：彭正雄
發行所：文史哲出版社
印刷者：文史哲出版社
台北市羅斯福路一段七十二巷四號
郵撥〇五一二八八一二彭正雄帳戶
電話：三五一一〇二八

實價新台幣二六〇元

中華民國八十四年五月初版

ISBN 957-547-925-4

藥樓文稿目次

自序

移家養疴玫瑰城且兩年，兩年中，我出版過一本詩集，也寫就一部文稿，其中「麗辭篇引述」「談辛棄疾詞」等是舊作；「杜甫七律偶犯上尾考」爲病後續成；其他大部分作品，都是生病以後的心血。這樣作，一方面爲了打發漫漫長日，另一方面也可將過去所學反芻出來。只可惜體弱力孱，文章的表達，總無法長篇大論，一氣呵成，只能夠小段處理，然後集腋成裘，「詩阡拾穗」、「古文辭例釋」等文，用的便是這個辦法。

附錄「藥樓詩稿續」，共輯古近體詩一百餘首，斟字酌句也都較前用心，希望能對初嗜吟詠的人有所助益。

本書之所以能夠順利出版，首先得感謝文史哲出版社彭正雄先生的贊助，其次，還要感謝劉敏華小姐的協助校稿。因著他們的幫助，方能讓我不費涓滴地坐享其成。

張夢機 84. 2. 1.

杜甫七律偶犯上尾考

一、上尾在本文中所指涉的意義

上尾爲永明聲病說中的八病之一，按八病，是指平頭、上尾、蜂腰、鶴膝……等八種聲律中的弊法，根據唐人舊說，八病具體的條目，是沈約所定，盧照鄰南陽公集序云：「八病爰起，沈隱侯永作拘囚」，皎然詩式亦說：「沈休文酷裁八病，碎用四聲。」不過，八病之目雖定於沈約，但他自已卻不曾作過任何解釋，而後人對於八病的詮釋，也歧說紛紜，莫衷一是。一般說來，在八病中，上尾之病諸家歧說最少，但也有下列幾種不同的解釋：如詩法金鍼引杜甫秋興詩的頷腹兩聯：「西望瑤池降王母，東來紫氣滿函關。雲移雉尾開宮扇，日繞龍鱗識聖顏。」認爲「降王母」、「滿函關」、「開宮扇」、「識聖顏」等詞性相同的字，被重複地安置在各句句尾，未免疊足。這種現象，便是犯上尾。不過，這種說法，與詩體本身的聲律無關，可不具論。如果純以聲律而論，自遍照金剛文鏡秘府論以後諸家，都以爲是「第五字第十字同聲爲犯上尾，惟連韻者非病。」換句話說，一聯之中，上句尾字與下句尾字，除非連韻，否則不可同聲，違者便犯上尾，如古詩：「西北有高樓，上與浮雲齊。」「樓」字不是押韻字，但與「齊」字同屬平聲。又如「庭陬有苦榴，綠葉含丹榮」，「榴」字非韻，但與「榮」字同屬平聲。根據文鏡秘府論的說法，以上兩例皆犯上尾，不過這種現象，到了律體既定之後，自然便消失了。關於上尾，仇兆鰲在杜詩詳注中，也有過詳盡的說明，他除了承認上述兩種說法外，同時還提出了另一種新的解釋，他說：

一句尾字與三句尾字，連用同聲，是亦上尾。如古詩：「客從遠方來，遺我一書札。上言長相思，下言久別離。」來思皆平聲。又如「新裂齊紈素，皎潔如霜雪。裁爲合歡扇，團團似秋月。」素扇皆去聲，亦犯上尾矣。其在七律，如杜詩「春酒杯濃琥珀薄」，與「誤疑茅堂入江麓」，同係入聲。王維詩「新豐樹裡行人度」與「聞道甘泉能獻賦」，去聲同韵，皆犯上尾也。

仇氏這種看法，後世也頗有採信者，董文渙聲調四譜圖說論律詩聲調，便從此說，如卷十一論五律聲調時，他說：

朱竹垞氏謂老杜律詩單句句脚必上去入皆全，今考唐盛初諸家皆然……間有句末三聲偶不具者，而上去去、入入上句，必相間乃爲入式，否則犯上尾矣。

又卷十二論七律聲調時，他也提到上尾一詞：

七言律詩之法，亦自五言來……即單句末三聲互用之法，亦與五言同，但五言首句多不入韵，故單句有四，三聲之中，必有一聲重用者，然也必一五或三七或一七隔用，乃可重出，不得一三連用同聲以避上尾之病。

歸析上述兩段文字，董氏所謂「上尾」，顯然是指律詩中的單句尾字，疊用同聲，論點與仇說相類。

另外，近人王力漢語詩律學也提到有關上尾的問題，他認爲：出句句腳上去入俱全，這是理想的形式，最低限度也應該避免鄰近的兩聯出句句腳聲調相同，否則就是上尾。鄰近的兩個出句句腳聲調相同，是小病；三個相同是大病；如果四個相同，或首句入韵，而其餘三個出句句腳聲調都相同，就是最嚴重的上尾。王氏對詩中犯上尾的現象，解釋得相當清楚，但沿波討源，其說實從仇氏董氏而來。

本文撰寫的目的，主要是希望透過驗證的方式，來探討杜甫七律單句（第一三五七句）尾字的聲律變化。從探討的主題及詩句的關係位置看，自與文鏡秘府論所解釋的「上尾」無涉，而與仇兆鰲、董文渙二氏之說相近。因此，爲了行文稱述方便起見，姑且採用仇氏「上尾」之說，以討論杜詩「避上尾」的問題，至於「上尾」一詞的意義指涉，究竟以何種解釋爲正確，則因與本文主旨無涉，故暫不論列。

二、前人對杜詩七律「避上尾」的探討

七言律詩如要避上尾，便應注意鄰近兩聯的單句尾字，不得連用同聲，此法董文渙在聲調四譜圖說中，曾經提到，他說：

七言首句十九入韵，句末用仄只有三句，配以三聲，適足無餘，而並首句則爲四聲全備矣。故互用之法，尤視五言爲嚴，必無一聲兩用者，其偶然不具而重用，則亦必三七隔用，斷無五句之末與上下或同者，此尤不可不知。

董氏所強調的是七律第一三五七句的尾字，最好能平上去入四聲遞用，如果不得已必須重出，那麼三五七句的尾字用仄處，也應該上去入三聲隔別用之，絕不可疊出，否則便犯上尾。董譜所論，就律詩的聲調而言，自然是最理想的情況，但此法唐代詩人未必盡知，既知也未必遵行。根據明清人的記載顯示，唐代最能恪守此法而避上尾者，惟有聲律向稱精嚴的老杜，最早提出此一看法的是明人謝榛的四溟詩話：

杜牧之開元寺水閣詩云：「六朝文物草連空，天澹雲閒今古同。鳥去鳥來山色裡，人歌人哭水聲中。深秋簾幕千家雨，落日樓臺一笛風。惆悵無因見范蠡，參差煙樹五湖東。」此上三句（按指第三五七句）落腳字，皆自吞其聲，韵短調促，而無抑揚之妙，

因易爲「深秋簾幕千家月，靜夜樓臺一笛風。」迺示諸歌詩者，以余爲知音否邪？王摩詰送楊少府貶郴州、許用晦姑蘇懷古二律，亦同前病，豈聲調不拘邪？然子美七言，近體最多，凡上三句轉折抑揚之妙，無可議者，其工於聲調，盛唐以來，李杜二公而已！

引文中「自呑其聲，韵短調促」等語，用辭過於精絜，而詳明不足，用意則概念籠統而抽象，缺乏精密的分析，不過我們細加揣摩，依然可以得其旨要。試看杜牧開元寺水閣詩第三五七句的尾字，連用「裡」、「雨」、「蠡」三個上聲字，在聲律上犯了上尾，因此「無抑揚之妙」，如果從謝榛之說，將第五句改爲「千家月」，月字入聲，因而使三七句末的兩個上聲字隔用，便可避免上尾。另外，像王維送楊少府貶郴州詩：「明到衡山與洞庭，若爲秋月聽猿聲。愁看北渚三湘遠（上），惡說南風五兩輕。青草瘴時過夏口（上），白頭浪裡出溢城。長沙不久留才子（上），賈誼何須弔屈平。」疊用三個上聲字。許渾姑蘇懷古詩：「宮館餘基綴棹過，黍苗無限獨悲歌。荒臺麋鹿爭新草（上），空苑鳧鷖占淺莎。吳岫雲來虛檻冷（上），楚江風急遠帆多。可憐國破忠臣死（上），日日東流生白波。」也疊用三個上聲字，都犯了上尾，所以謝榛說：「亦同前病」。至於謝氏讚美杜甫「工於聲調」，又說杜甫七律「凡上三句轉折抑揚之妙，無可議者」，大抵不誣。只是他對杜詩聲調何以能得轉折抑揚之妙？其訣竅安在？並沒有列舉實證作具體的說明，未免可惜。同時，謝氏似乎也沒有對杜甫七律的單句末字，一一對勘，而逕言「無可議者」，更不免讓人感覺他斷得太勇。

嚴格說來，謝榛對杜詩避上尾的問題，雖有觸及，但語焉不詳，而眞能對此問題作深入探究與全面觀照的，恐怕應推清人朱彝尊。朱氏所著曝書亭集，輯有寄畫查德尹編修書，正詳言此事，原書第一段說：

> 蒙竊聞諸昔者吾友富平李天生之論矣，少陵自詡晚節漸於詩律細，曷言乎細？凡五七言近體，唐賢落韵共一紐者，不連用，夫人而然，至於一三五七句用仄字，上去入三聲，少陵必隔別用之，莫有疊出者，他人不爾也。蒙聞此言，尚未深信，退與李十九武曾共宿京師逆旅，挑燈擁被，互誦少陵七律，惟八首與天生所言不符。

按李天生所言，實即律詩避上尾之法，當時朱彝尊與李十九所互誦對勘的杜詩七律，究竟是根據那一種版本？我們已不得而知，只知其中有八首犯了上尾病，這八首詩，根據原書的說明，分別是：㈠鄭附馬宅宴洞中：「主家陰洞細煙霧（去），留客夏簟青琅玕。春酒杯濃琥珀薄（入），冰漿盌碧瑪瑙寒。誤疑茅堂過江麓（入），已入風磴霾雲端。自是秦樓壓鄭谷（入），時聞雜佩聲珊珊。」第三五七句的末一字，疊用薄、麓、谷三個入聲字。㈡江村：「清江一曲抱村流（平），長夏江村事事幽。自去自來梁上燕（去），相親相近水中鷗。老妻劃紙爲棋局（入），稚子敲針作釣鉤。多病所須唯藥物（入），微軀此外復何求。」第五七句的末字，疊用局、物兩個入聲字。㈢秋興八首之七：「昆明池水漢時功（平），武帝旌旗在眼中。織女機絲虛夜月（入），石鯨鱗甲動秋風。波漂菰米沉雲黑（入），露冷蓮房墜粉紅。關塞極天惟鳥道（上），江湖滿地一漁翁。」疊用月、黑兩個入聲字。㈣江上值水如海勢聊短述：「爲人性僻耽佳句（去），語不驚人死不休。老去詩篇渾漫興（去），春來花鳥莫深愁。新添水檻供垂釣（去），故著浮槎替入舟。焉得思如陶謝手（上），令渠述作與同遊。」疊用句、興、釣三個去聲字。㈤題鄭縣亭子：「鄭縣亭子澗之濱（平），戶牖憑高發興新。雲斷岳蓮臨大路（去），天晴宮柳暗長春。巢邊野雀欺群燕（去），花底山蜂趁遠人。更欲題詩滿青竹（入），晚來幽獨轉傷神。」疊用路、燕兩個去聲字。㈥至日遣興二首之一：「去歲茲辰奉御牀（平），五更三點入鵷行。欲知趨走傷心地（去），正想氤氳滿眼香。無路從容陪語笑（去），有時顛倒著衣裳。何人錯憶窮愁日（入），愁日愁隨一線長。」疊用地、笑兩個去聲字。㈦卜居：「浣花流水水西頭（平），主人爲卜林塘幽。已知出郭少塵事（去），更有澄江銷客愁。無數蜻蜓齊上下（去），一雙鸂鶒對沉浮。東行萬里堪乘興（去），須向山陰入小舟。」疊用事、下、興三個去聲字。㈧秋盡：「秋盡東行且未迴（平），茅齋近在少城隈。籬邊老卻陶潛菊（入），江上徒逢袁紹杯。雪嶺獨看西日落（入），劍門猶阻北人來。不辭萬里長爲客（入），懷抱何時得好開。」疊用菊、落、客三個入聲字。如果以李天生的說法來印證，顯然這八首詩都犯了上尾。不過，朱彝尊又說，他後來看到宋元舊雕本杜詩，及證以文苑英華，詩句與今本稍有出入，試加檢校，發現就這八首詩也都上去入三聲隔別用之，沒有疊出者，與李天生所言，竟無一不合。試看朱氏寄查德尹編修書的末段：

此八詩者，識於懷不忘，久而覯宋元舊雕本暨文苑英華證之，則「過江麓」作「出江底」，江不當言麓，作底良是。「多病」句作「賴有故人分祿米」；「夜月」作「月夜」；「漫興」作「漫與」；「大路」作「大道」；「語笑」作「笑語」；「上下」作「下上」；「西日落」作「西日下」；合之天生所云，八詩無一犯者。

不過，綜觀朱彝尊的說法，仍然有一些令人置疑的地方。譬如他認爲除了上述八詩外，杜甫其他七律的單句尾字，都符合李天生所謂的三聲互用相避之法，可是在整個驗證過程中，他僅提到與李十九「互誦少陵七律，惟八首與天生所言不符」等語，殊嫌籠統。我們既難確知他勘對時所依據的版本，也無從瞭解他的勘對是否正確無誤。因此，對於他的說法，我們到底該不該全然接受，深信不疑，便値得斟酌。另外，上述朱氏所舉證的八首杜詩，後來雖經他根據宋元舊雕本一一加以檢校，並說明「合之天生所云，八詩無一犯者」，但究竟他所據以校勘的是宋元那幾種雕本，卻始終未曾明言，這種作法，實不免疏漏之嫌，也很難讓人信服。本文有鑑於此，乃希望根據杜集善本，重加檢校對勘，看看老杜的七言律詩，是否確如李天生所說，其一三五七句用仄字者，上去入三聲必隔別用之，絕沒有同聲疊出而犯上尾的情況。

三、少陵七律單句尾字的驗證

宋本杜工部集，編者爲翰林學士、史館修撰王洙，蓋作於北宋仁宗寶元二年，計得詩一千四百零五首，加上別錄，合爲二十卷，爲我國第一部杜詩專集，然距少陵歿世已二百六十九年了。本文乃據是書所載少陵七律的單句末字，標其平仄四聲，表列於後，俾便一一檢視：

詩題	單句末字	附註
鄭駙馬宅宴洞中	霧薄麓谷（去入入入）	
題張氏隱居	求雪氣處（平入去上）	四聲遞用。七句「乘輿杳然迷出處」，處有上去兩讀，浦起龍讀杜心解注「處」讀上聲。
城西陂泛舟	船動扇槳（平上去上）	
贈田九判官梁丘	霄蓿長入（平入上入）	
贈獻納使起居田舍人澄	邊事闔賦（平去入去）	
九日藍田崔氏莊	寬帽落健（平去入去）	
崔氏東山草堂	靜響栗事（上上入去）	
臘日	遙草醉澤（平上去入）	四聲遞用。
紫宸殿退朝口號	垂轉報省（平上去上）	三句「香飄合殿春風轉」，轉有上去兩讀，一

			在上聲獮韻，訓動也，運也。一在去聲線韻，訓爲流轉，本句轉字依其意應讀上聲。
曲江二首	春眼翠樂	平上去入	四聲遞用。七句「細推物理須行樂」，樂訓喜樂，讀洛，屬入聲鐸韻。
	衣有見轉	平上去去	七句「傳語風光共流轉」，轉訓爲流轉，讀去，與前舉讀上者不同。
曲江對酒	歸落棄遠	平入去上	四聲遞用。
曲江對雨	牆落輦會	平入上去	四聲遞用。
奉和賈至舍人早朝大明宮	箭動袖美	去上去上	
宣政殿退朝晚出左掖	牓珮色瑣	上去入上	
題省中院壁	尋靜籍補	平上入上	
曲江陪鄭八丈南史飲	花事跡健	平去入去	

送鄭十八虔貶臺州司戶	絲日往訣（平入上入）	
因許八奉寄江寧旻上人	年否竹在（平上入上去）	七句「聞君話我爲官在」，在有上去兩讀，一屬上聲海韻，訓居也，存也；一屬去聲代韻，訓所在。本句在字無論讀上讀去皆不犯上尾。
題鄭縣亭子	濱路燕竹（平去去入）	
望岳	尊杖路後（平上去上）	後有上去兩讀，一在上聲厚韻，一在去聲候韵，皆有先後之意可以互用。今取上聲以避上尾
至日……二首	床地笑日（平去去入）	
	班上極斷（平去入去）	三句「麒麟不動爐煙上」，上有上去兩讀，上聲之上爲上，其他爲去。本句上字作動詞解，讀去。
蜀相	尋色計死（平入去上）	四聲遞用。
卜居	頭事下興（平去上去）	五句「無數蜻蜓齊上下」，下訓爲低下，讀上屬上聲馬韻。又七句「東行萬里堪乘興」，與

會之興讀去聲，屬證韻。

有客	少內坐給（上去上入）	首句「幽棲地僻經過少」，少有上去兩讀，一在上聲小韻，言不多也；一在去聲笑韻，言幼少也。本句末字解作多少之少，讀上聲。又五句「竟日淹留佳客坐」，按凡坐字僅坐罪之坐讀去（去聲過韻），其他爲上（上聲果韻）。
狂夫	堂靜絕放（平上入去）	四聲遞用。
堂成	茅葉子宅（平入上入）	
進艇	畝艇逐有（上上入上）	
所思	馬處盡淚（上去上去）	三句「九江日落醒何處」，處作居止之意讀上，屬上聲語韻；作處所解讀去，屬去聲御韻。本句處字依其意當讀去聲。
江村	流燕局物（平去入入）	
野花	迴下閣郡（平上入去）	四聲遞用。

南鄰	巾喜尺暮	平上入去	四聲遞用。
恨別	里外立勝	上去入去	七句「聞道河陽近乘勝」，勝有平去兩讀，解爲任、舉之意，讀平屬蒸韻；勝負之勝讀去，屬證韻。本句勝字無論依字義或調譜，均當作仄聲。
和裴迪……	興憶暮發	去入去入	首句「東閣官梅動詩興」，興有平去兩讀，作興會、興緻解均讀去聲，屬證韻。
登樓	心地改廟	平去上去	
客至	水掃味飲	上 上去 去 上去	
送韓十四江東覲省	衣妹轉力	平去上入	四聲遞用。五句「黃牛峽靜灘聲轉」，轉訓爲動，讀上聲，屬獮韻。
王十七侍御……	起浴醞簡	上入上上	五句「繡衣屢許攜家醞」，醞有上去兩讀，訓爲釀，讀上，屬吻韻；訓爲醞釀讀去，屬問韻。本句醞字依其意應讀上聲。此詩犯上尾。
野人送朱櫻	紅破省息	平去上入	四聲遞用。省字無論訓爲省署或察審，皆讀上

聲，分屬梗韻與靜韻。

詩題	句尾字	聲調	說明
嚴中丞枉駕見過	坰節翰裏	平入去上	四聲遞用。
野望	戍隔病目	去入去入	
奉酬嚴公……	書馬費府	平上去上	
嚴公仲夏枉駕……	盤急迴日	平入上入	
聞官軍收河南河北	北在酒峽	入去上入	三句「卻看妻子愁何在」，在有上去兩讀，本句在字訓爲所在，讀去聲，屬代韻。
送路六侍御	年地錦賴	平去上去	
涪城縣香積寺官閣	流細寂外	平去入去	
送王十五判官……	迴出意少	平入去上	四聲遞用。出有去入兩讀，分屬志韻與術韻，可以互用。又七句「黔陽信使應稀少」，少字依句意應解爲多少之少，讀上。
又送	臺軟得首	平上入上	七句「直到錦州始分首」首有上去兩讀，一在

上聲有韻，訓爲頭也，始也；一在去聲宥韻，訓爲自首。本句依其義應讀上聲。

章梓州橘亭餞成都竇少尹	香作別尹	平去入上	四聲遞用。三句「主人送客何所作」，作有去入兩讀，惟王洙杜工部集注作音左，當屬去聲箇韻。
奉侍嚴大夫	來待合面	平上入去	四聲遞用。
奉寄高常侍	多未黯暮	平去上去	黯有平上兩讀，惟此字既在單句末字，必作仄聲。
奉寄章十侍御	人地羽仄	平去上入	四聲遞用。
將赴荊南寄別李劍州	古俗鬢日	上入去入	
奉寄別馬巴州	波久去色	平上去入	四聲遞用。
滕王亭子	山裏麗牧	平上去入	四聲遞用。五句「清江錦石傷心麗」，麗有平去兩讀，美麗讀去，霽韻。
玉臺觀	遙鼓窟翰	平上入去	四聲遞用。

將赴成都草堂……五首	都讓美逕	平去上去	
	蘋馬客盡	平上入上	
	溪入網色	平入上入	
	欄尺老骨	平入上入	
	微入古陣	平入上去	四聲遞用。
院中晚晴懷西郭茅舍	清落景笑	平入上去	四聲遞用。
宿府	寒語絕事	平上入去	四聲遞用。
陪李七司馬……	同表客事	平上入去	四聲遞用。
江上值水如海勢聊短述	句興釣手	去去去上	
寄杜位	州去眼亂	平去上去	
題桃樹	斜實燕日	平入去入	

暮登四安寺鐘樓……	峰斂寂瘦	平上入去	四聲遞用。三句「孤城返照紅將斂」，斂訓收讀上，琰韻；訓聚讀去，艷韻。本句依其意當讀上聲。
至後	長意覺興	平去入去	
撥悶	春事汝直	平去上入	四聲遞用。
登高	哀下客鬢	平上入去	四聲遞用。
九日	北放客事	入去入去	
秋盡	迴菊落客	平入入入	
野望	西蜀舞綠	平入上入	
十二月一日三首	動雁眼羨	上去上去	
	碧女切熳	入上入去	三句「負鹽出井此溪女」，女有上去兩讀，訓爲婦人讀上，語韻；訓爲以女妻人讀去，御韻，本句女字當讀上聲。又五句「新亭舉目風景

	扉岸久進	平去上去	切」，切有去入兩讀，本句切訓爲近，讀入，屑韻。
立春	菜玉眼處	去入上去	處有上去兩讀，出處讀上語韻；處所讀去，御韻。七句「此身未知歸定處」，依其意當讀去。
赤甲	新子近飲	平上去上	
愁	生性國否	平去入上	四聲遞用。
江雨有懷鄭典設	中岸碧汝	平去入上	四聲遞用。
雨不絕	微亂子促	平去上入	四聲遞用。
崔評事……	迎色好怯	平入上去入	好有上去兩讀，然無論讀何聲，在本詩中皆不犯上尾。
晝夢	然醉底門	平去上去	
即事	長雨去裏	平上去上	

見螢火	飛冷箇汝	平上去上	
暮春	中雨闇渚	平上去上	中有平去兩讀，中間之中讀平東韻；中的之中讀去，送韻。首句「臥病擁塞在峽中」，中讀平聲。
季夏送鄉弟……	使蜀地蟀	上去入去入	使有上去兩讀，然無論讀何聲，在本詩中皆不犯上尾。
返照	昏壁枕亂	平入上去	四聲遞用。五句「衰年肺病惟高枕」枕有平上去三讀，本句解爲枕席之枕，讀上，寢韻。
示獠奴阿段	曛瀝首異	平入上去	四聲遞用。五句「病渴三更迴白首」首訓爲頭，讀上，有韻。
簡吳郎司法	州豁曙地	平入去去	
又呈吳郎	鄰此事骨	平上去入	四聲遞用。
七月一日題終明府水樓	涼雪繡履	平入去上	四聲遞用。
二首	日泯蓋雨	入上去上	三句「承家節操尚不泯」，泯有平上兩讀，解

		爲滅、盡之意讀上，軫韻。據字義及調譜，泯在本句必讀上聲。
寄常徵君	春(平)衆(去)粒(入)冷(上)	四聲遞用。
覽物	輔(上)岳(入)枕(上)惡(入)	五句「舟中得病移衾枕」，枕有上去兩讀，枕席之枕讀上，寢韻。又七句「形勝有餘風土惡」，惡有平去入三讀，訓爲不善，讀入，鐸韻。
即事	亭(平)釣(去)起(上)甲(入)	四聲遞用。
灩澦	深(平)去(去)首(上)少(去)	五句「舟人漁子歌迴首」，首訓爲頭讀上；七句「寄語舟航惡年少」，少訓爲幼少讀去。
白帝	門(平)鬥(去)逸(入)盡(上)	四聲遞用。
黃草	歸(平)息(入)水(上)據(去)	四聲遞用。
吹笛	清(平)切(入)走(上)落(入)	走有上去兩讀，分屬厚韻與候韻，皆訓爲趨。
送李八秘書赴杜相公幕	來(平)下(去)發(入)斗(上)	四聲遞用。三句「石出倒聽楓葉下」，下在本句作動詞，猶落也，讀去，音暇，禡韻。

秋興八首

林湧淚尺（平上去入）　四聲遞用。

斜淚枕月（平去上入）　四聲遞用。五句「畫雀香爐違伏枕」，枕席之枕讀上。

暉泛薄賤（平去入去）

棋主振冷（平上去上）

山母扇晚（平上去上）

頭氣鶴地（平去入去）

功夜黑道（平去入上）　四聲遞用。

迤粒問象（平入去上）　四聲遞用。

詠懷古跡五首

際月賴瑟（去入去入）

悲淚藻滅（平去上入）　四聲遞用。

門漠面語（平入去上）　四聲遞用。七句「千載琵琶作胡語」，語有兩

		讀，作名詞用，如語言，讀上，語韻；作動詞用，如語人，讀去，御韻。本句語字依其意當讀上聲。
峽裏鶴近	入上入上	七句「武侯祠屋長鄰近」，近有上去兩讀，解為接近，讀上，隱韻；如訓為附（通駙，有親近之意），讀去，焮韻，然無論讀何聲，在本詩中皆不犯上尾。
宙策呂復	去入上入	七句「運移漢祚終難復」，復有兩讀，一在去聲宥韻，一在入聲尾韻，皆可訓為返，可以互用。

諸將五首

山地逼渭	平去入去	
城馬隘稷	平上去入	四聲遞用。
烽貢預國	平去去入	
標息馬地	平入上去	四聲遞用。
來射節險	平去入上	四聲遞用。三句「正憶往時嚴僕射」，射有去入兩讀，訓為僕射、射弓，讀去。禡韻；訓為無射，讀入，昔韻。

九日	酒分哭往	上去入上	三句「竹葉於人既無分」，分讀如份，見去聲問韻。
夜	清宿病斗	平入去上	四聲遞用。三句「疏燈自照孤帆宿」，宿有兩讀，星宿之宿讀去，宥韻；如訓爲宿止，則讀入，屋韻。
白鷹黑鷹二首	秋破敵避	平去入去	
	有塞巧日	上去上入	三句「正翮摶風超紫塞」，邊塞之塞讀去，代韻；塞訓爲滿，讀入，德韻。本句塞字作邊塞解，當讀去，按秦築長城，土色紫，漢塞亦然，故曰紫塞。
閣夜	景壯伐土	上去入上	
白帝城最高樓	愁睡石子	平去入上	四聲遞用。
覃山人隱居	星菊已覆	平入上入	五句「予見亂離不得已」，已有上去兩讀，本句已訓止讀上，止韻。七句「高車駟馬帶傾覆」，覆有去入兩讀，本句覆訓爲敗，（浦二田

謂此詩蓋傷覃山人隱之不終也，又曰第七警之）讀入，屋韻。

柏學士茅屋	魚足蓋得（上入去入）	
冬至	客老壑寸（入上入去）	
小至	催線柳異（平去上去）	
舍弟觀赴藍田……三首	州內遠鴿（平去上入）	四聲遞用。
	深色舞笑（平入上去）	四聲遞用。
	宅草徑滴（入上去入）	
人日	得酒拔興（入上入去）	七句「早春重引江湖興」，興會之興，讀去。
宇文晁尚書之甥……	寂浦散酊（入上去上）	五句「樽當霞綺輕初散」，散有上去兩讀，一在旱韻，一在翰韻，皆有分離分布之意，可以互用，今取去聲，以避上尾。
多病執熱奉懷李尚書	凌接雨顧（平入上去）	四聲遞用。

江陵節度陽城……	生濕美佐	平入上去	四聲遞用。
又作此奉衛王	都下靜賦	平上上去	
暮歸	棲皎楫意	平上入去	四聲遞用。
公安送韋二少府匡贊	賢至裏淚	平去上去	
留別公安太易沙門	遠作凍若	上 去入 去 上入	
曉發公安數月憩息此縣	罷日去跡	去入去入	
長沙送李十一銜	州履並竊	平上上入	
燕子來舟中作	春主室去	平上入去	四聲遞用。
小寒食舟中作	寒坐幔里	平上去上	三句「春水船如天上坐」，坐讀上。說見前。
贈韋七贊善	賢象雪子	平上入上	
酬郭十五判官	名廢隕促	平去上入	四聲遞用。

四、最後的話

根據上表所作的統計，杜詩七律共計得一百四十八首，從單句尾字的聲調看，其中四聲遞用者五十四首，上去入三聲隔別用之者七十九首，犯上尾者十五首。其犯上尾者，詩題是：鄭附馬宅宴洞中、崔氏東山草堂、曲江二首之二、題鄭縣亭子、至日……二首之一、進艇、江村、客至、王十七侍御……、江上值水如海勢聊短述、秋盡、簡吳郎司法、諸將五首之三、又作此奉衛王、長沙送李十一銜等十五首，當然，如果以別本校勘，應有異文可資討論，可惜我近患中風，無力翻索，只好留待後日，再作增補了。

詩阡拾穗

最近因爲讀浦起龍的《讀杜心解》，發現浦氏的評註有些地方令人疑惑，譬如杜甫〈北征〉：「不聞夏殷衰，中自誅褒妲」，浦起龍說：「（下句）本應作誅妹妲，夏妹喜、殷妲己也。痛快疾書，涉筆成誤。」這裡有兩個問題：第一，下句褒姒、妲己屬殷周，與上文之「夏殷」無法應合，是否老杜用事失檢？其次，浦氏解釋這種情況是「痛快疾書，涉筆成誤」，是否合理？關於這兩問題，我也不避簡陋，有過大膽的解釋。首先談第二個問題。不可否認，前人箋注杜詩，有時因爲震於詩聖的盛名，雖然見到缺點，也往往曲爲迴護。例子很多，如〈寄高詹事〉：「天下多鴻雁，池中足鯉魚。」鴻雁爲二物，鯉魚爲魚之一種，分明不可設對，可是葉夢得偏說：「子美豈不知對屬之偏正邪？蓋其縱横出入，無不合正。」另外像方回《瀛奎律髓》引杜詩〈曲江〉：「一片花飛減卻春，花飄萬點正愁人。且看欲盡花經眼，莫厭傷多酒入唇……」並說：「詩三用花字，老杜則可，在他人則不可。」都是基於這種迴護的心態。其實就批評的態度來說，假如沒有合理的解釋，不可就不可，不應該有任何例外。

如果說詩中某些瑕疵，在老杜獨可，在他人則不可，那是英雄欺人之談。上引〈北征〉兩句，事實上浦起龍已承認了老杜用事失檢，可是他卻偏要曲爲之辭，硬將「涉筆成誤」的原因，解釋爲「痛快疾書」，理由相常牽強，說穿了，也是出於迴護的心態。現在，再回過頭來討論第一個問題：究竟老杜這兩句有沒有「涉筆成誤」，用事失檢？過去胡仔、葉燮、李子德等人，均對此問題表示過意見，正反兩面的看法都有，我個人認爲李氏的解釋比較合理，他說：「不聞夏殷衰，中自誅褒妲。不言周。」這就是詩中互文。所謂互文，是指詩中上下兩句的意義容許互通互補，這是詩家慣用的手法。如杜詩〈潼關吏〉：「大城鐵不如，小城萬丈餘。」朱鶴齡說：「城在山上，故曰萬丈餘。上語言堅，下語言高，其義互見。」又如王昌齡〈出塞〉：「秦時明月漢時關，萬里長征人未還。」沈歸愚說：「防邊築城起於秦漢，明月屬秦關屬漢，詩中互文。」都是詩中互文見義的著例。〈北征〉這兩句如果根據「互文」的說法，下句言褒姒、妲己，而上句言夏，則妹喜自在其中；上句言夏殷，而下句言褒姒，則周自在其中。兩句隱括三朝三事，正見互文之妙。這是古人行文之法，似乎不必視作誤筆。

《玉臺新詠》，陳徐陵編。根據《大唐新語》說：「梁簡文帝於太子時，好爲艷詩，境內化之。晚年追悔，而改之不及，乃令徐陵撰《玉臺新詠》一書，以大其體。」所以此書所選錄的作品，就像序文中所說：「無忝於雅頌，亦靡濫於風人涇渭之間。」讀此可以概知漢魏六朝文學風氣升降之一斑。《樂府詩集》，宋郭茂倩編。此書總括歷代樂府，上起陶唐，下迄五代，凡郊廟歌詞十二卷，燕射歌詞三卷，鼓吹曲辭五卷、橫吹曲詞五卷、相和歌詞十八卷、清商曲詞八卷、舞曲歌詞五卷、琴曲歌詞四卷、雜曲歌詞十八卷、近代曲詞四卷、雜謠歌詞七卷、新樂府詞十一卷。其中樂府解題，徵引浩博，援據精審，可以視作研究樂府的人必備之書。《十八家詩鈔》，清曾國藩編。此書選錄曹子建、阮嗣宗、陶淵明、謝靈運、鮑明遠、謝元暉、李白、杜甫、韓愈、白居易、王維、孟浩然、李商隱、杜牧、蘇軾、黃庭堅、陸游、元好問等十八名家詩作，可以說各家的經典名作，幾乎已全部搜羅，誠爲治詩學者必踏的基石。以上三部書，清暇無事，不妨翻翻。

青蓮詩以飄逸勝；少陵詩以沈鬱勝；摩詰詩以幽澹勝；昌黎詩以奇崛勝；放翁詩以自然勝；山谷詩以拗狠勝。各家風格儘管不同，但都能高臻極詣。

讀李太白的〈將進酒〉，如三峽飛艭，勢不可遏；讀韓退之的〈南山〉，如中阪蹇驢，纔行又止。

韓愈詩的風格，可區爲奇崛、壯麗、清妙等三種，如〈陸渾山火〉、〈月蝕效玉川子作〉、〈孟東野失子〉等，用意務求瑰奇，落筆瀕於詭險，屬於奇崛的風格；如〈八月十五夜贈張功曹〉、〈謁衡嶽遂宿嶽寺題門樓〉、〈贈張籍之什〉，意境和筆力都非常壯闊與瑰麗，屬於壯麗的風格；又如〈山石〉、〈聽穎師琴〉、〈送惠師〉、〈送靈師〉等，清俊跌宕，則屬於清妙的風格。韓詩雖然有著上面幾種不同的的風格，卻有一個共同點，即無論那一首詩，都要把新意清詞來變易前人的陳言熟意，有時驟然看去，好像齟齬不安，其實細加玩味，似乎別有姿趣。一般說來，韓愈好以文爲詩，又好用奇字、造奇句，雖不免奇險怪僻，但確也可免除那種駢體做作的姿勢，以及那些輕浮側艷的濫調，在唐代詩壇，獨樹一幟，蔚爲大派。更由於他才宏氣盛，博極群書，又有超妙的想像力，因此，他的詩，對於選字隸事，充分表現出鎔經鑄史的高度技巧，至於內容，也能細微地刻劃深遠的懷抱，司空圖云：「韓吏部歌詩累百篇，而驅駕氣勢，若掀雷抉電，撐扶於天地之間。」正可道出韓詩的風格。

韓愈的詩集中，古詩比較多，律絕比較少，揆其原因，約有兩端：㈠韓愈才力雄厚，惟古詩足以恣其馳驟，一束於律詩的形式與聲病，就難以發揮其所長，故韓愈集中，律詩最少，以七律而論，全集僅得十首。我們知道，韓愈精於古文，因此常以古文渾灝，溢而爲詩，造成盤空排奡的境界。他的詩，能擒能縱，無施不可，雄直詼詭處，就像長江大河，瀾翻洶湧，姿態橫生，有時又善於運用生動形象的細節描寫，使天地萬物，齊赴筆端。類此現象，自非格律精嚴的律詩所能表現。(二)絕句以風神爲主，宜柔不宜剛，劉熙載《詩概》說：「絕句於六義多取風興，故視他體尤以委曲含蓄自然爲尙。」是不錯的。故唐人絕句多以情致見長，韻味取勝，風神搖曳，一片天趣。他們最忌用剛筆，因爲剛則不韻，即使是邊塞之作，也講究歛剛於柔，使雄健之筆，不落粗豪。而韓詩用意，多涉理路，多記實事，不容易表現小詩的風姿，所以做得較少。不過，韓集中雖然近體詩所佔的比重較輕，並不表示他不能做此體，相反地，他大多數的近體詩是清新穩健的，絕句如〈盆池〉：「池光天影共青青，拍岸才添水數瓶。且待夜深明月去，試看涵泳幾多星。」律詩如〈左遷至藍關示侄孫湘〉：「一封朝奏九重天，夕貶潮陽路八千。欲爲聖朝除弊事，肯將衰朽惜殘年。雲橫秦嶺家何在？雪擁藍關馬不前。知汝遠來應有意，好收吾骨瘴江邊。」這些作品，即持與盛唐諸公相較，也不遑多讓。

《升庵詩話》評李杜的詩說：「太白詩仙翁劍客之語，少陵詩雅士騷人之詞。比之文，太白則《史記》；少陵則《漢書》。」我說：「太白的詩，如神鷹瞥漢，流雲無跡；少陵的詩，如陳酒自醇，重劍無鋒。比之文，則太白像《莊子》；少陵像《史記》。」

文宜醒，詩宜醉。宜醉，故有時能迷離惝怳以出之。

李義山的詩，韜華耀采，晚唐詩人，無出其右，如果考察他的淵源，大約有二點：㈠遠祧於楚騷：按義山的詩，多取比興之意，如〈碧城〉、〈燕臺〉、〈聖女祠〉等篇，好用常娥、月姐、桂宮、瑤臺、銀漢、七夕等詞，仙姿綽約，接武歌辨，吟詠〈碧城〉三首，宛如重讀〈湘君〉、〈湘夫人〉等篇。㈡近嗣於少陵：王安石以爲唐人學老杜而得其藩籬者，唯商隱一人。這話很有見地，義山學杜，在能得其骨格，得其神髓，而非襲其外貌。以義山七律來說，穠麗精工，與杜不類，然而他的大篇如〈重有感〉、〈籌筆驛〉等詩，則在穠麗之中，時帶沈鬱之情，如「管樂有才原不忝，關張無命欲何如。他年錦里經祠廟，梁父吟成恨有餘。」眞得老杜神髓。又如杜詩以氣象高遠取勝，而義山學杜，也頗多此類作品，像〈杜工部蜀中離席〉，起句便似杜，然後一邊寫干戈滿路，一邊寫人麗酒濃，兩路夾寫，點出惜別，如此佳構，眞不愧是老杜嫡派。

要談義山詩的影響，最重要的當然是開創西崑詩派了。宋初由楊億、劉筠所領導的西崑詩派，一味追蹤李義山，重對偶、用典故、尙纖巧、貴詞華，在宋初詩壇，蔚然成風，流行了半個世紀。惟其末流，專事穠麗，競尙佻巧，無復義山之善于風諭，擅于微詞，故體卑氣弱，不足深論。宋以後，學義山者，不乏其人。降及遜清，吳梅村的〈無題詩〉、王漁洋的〈秦淮雜詩〉，以及黃仲則的〈綺懷〉十六首，也莫不受其漬染，如梅村「鏡因硯近螺頻換，書爲香多蠹不成。」直接奪胎於義山「夢爲遠別啼難喚，書被催成墨未濃。」仲則「似此星辰非昨夜，爲誰風露立中宵。」直學義山「昨夜星辰昨夜風，畫樓西畔桂堂東。」民初詩家如樊增祥、易哭庵輩均有集義山詩句的作品。至於清汪榮寶，則專宗玉谿，形神並肖，可謂深得義山之腴。義山詩影響之深遠，於此可覘。

義山負才傲兀，抑塞於朋黨之禍，而傳所云「放利偷合，詭薄無行」者，其實是一種誤解。我們知道，令狐綯惡義山是因爲他就王茂元、鄭亞之辟。令狐綯惡王茂元、鄭亞，是因爲他們爲李德裕所善的緣故。事實上，李德裕入相，功流社稷，史家之論，每每曲牛而直李，茂元諸人，也都是一時翹楚。令狐綯怎麼能以私怨的關係，牽制義山一生？他只是愁怨李德裕而兼惡其黨，並惡其黨李德裕之黨者，非眞有憾於李義山。我們再看看，令狐綯的爲人如何？李德裕爲相時，曾經擢拔令狐綯到臺閣，一旦失勢，令狐綯與不逞之徒，竭力排陷他，試想這種人值得依附爲死黨嗎？因此，朱鶴齡認爲義山之就王鄭，是「擇木之智，渔邱之公」，這話不是誇大。從以上情況，我們可以瞭解，義山官路拓落，蹭蹬終身，是爲黨爭的餘波所殃及，他當時年少才高，頗欲一展抱負，故樂於爲人所用，心中固無所謂的牛黨李黨。何況王鄭之輩皆爲君子，義山依附王鄭，我們豈能以「放利偷合，詭薄無行」來苛責他？至於後來義山捲入牛李黨爭的漩渦，終遭滅頂，這恐怕也非他始料所及，因此，我們如果要推究義山蹭蹬終身的原因，萬不能說：是他想在朋黨中爭一席地的結果。最多只能說他昧於時勢，昧於人際關係而已！

孟襄陽詩云：「坐聽閒猿啼，彌清塵外心。」杜少陵詩云：「聽猿實下三聲淚」，又云：「風急天高猿嘯哀。」同是聞猿啼，而一則清淨；一則悲愴。可見非外物有哀樂，而人心實自有哀樂。白樂天詩云：「峽猿亦無意，隴水復何情。爲到愁人耳，皆作斷腸聲。」此老早已深知這個道理了。

文學的形式和使命，雖異常繁複，然究其目的，最重要的不過兩方面：一是反映時代，即對現實社會作深刻的描繪，知微必彰，有轉移人心，整頓風俗的力量。二是表現自我，將個人心靈情愫反復闡幽，任其流露。詩是文學部門中的一種，自然不能踰此範疇，中外古今的詩人對於這種原則都有同一概念，並不相悖。《詩．大序》說：「正得失、動天地、感鬼神，莫近於詩。」雪爾勃對於詩下定義時也曾說：「詩是偉大的心靈，藉美的形式和音樂的語言，在現實生活中所領悟的最微妙和最高尚的情感表現。」可見詩的內涵是注重表現自我，反映現實，這一點，當不容有異議。然而，目前有許多詩人及詩評家，偏偏作形式上的爭辯與維護。新詩人對舊詩的平仄叶韻及對仗，語含訕誚；舊詩人對新詩的晦澀虛無，標新立異，也多所詆訶。實際上，詩最重內涵，內涵充實豐腴，自然韻遠格高，意味深長，若能在表達的技巧上再下點功夫，自然很容易完成一首佳作，這與形式的新舊是沒有關係的。總之，體有古今，詩無新舊，只要是好詩，都有存在發揚的價值，不該因爲外貌的差異而一概抹殺了內在的精神。在舊詩中灌注新的生命，並無礙詩之古雅性，以舊典入新詩，也絕不貶低詩的時代性。一味強人行己之道，甚至互相攻伐，都是不必要的爭執。同時，我們還可以更深一層的說：新舊詩的並育不悖，尚非現階段詩人追求的終極鵠的，這只是消極的意義，我們還應該更進一步，積極地促使新舊詩內涵的溶鑄匯合。

論詩，自然是內容重於形式。自古迄今，詩體固然在不斷的演變，但這種演變，只能視之爲形式上的因革損益，可是詩之所以爲詩，原不取決於形式，而在於「詩質」本身。一首詩是否能引起共鳴，甚至流傳不廢，內容的良窳是重要的因素，與形式的新舊全無干涉。廟裡的神籤，協聲押韻，同於傳統詩的形式，但不是詩；「天空漆黑，像個大鍋底」，固已解脫了形式的桎梏，合乎新詩的要求，但也算不得詩。這原是「老嫗都解」的道理，何待辭費？可是鼎革以還，國人生活發生急遽變化，五四諸公認爲複雜的感情與新奇的事物，已非固定的形式所能容納，故而反叛傳統，力倡變革，而當時管領風騷的諸老，則群起衛道，固守藩籬，彼此磨刀霍霍，分外眼紅。幾十年來，這些事，早已成爲過眼雲煙，但問題依然存在。當然，就詩的創作而言，現代人寫詩，應該具有其現代內容，在這個時代，仍然去寫「假唐詩」，無論在精神上筆墨上，都是一種浪費。但是否眞像五四諸公說的那樣，固有形式已經僵化？答案如果是肯定的，傳統詩就該棄甲息鼓，豎起石頭降旛，然而事實不然。一般說來，詩的內容，不外抒情寫景、論事詠物四端。情景的表現，在新舊詩之間，尙無大異，舉凡山水林泉，笑啼哀樂，往往新詩能窮盡其妙的，舊詩也能曲筆達意，例子倒是現成的：大約七十年前，胡適與友人登西湖南高峰看日出，歸後二日，以新體寫成「南高峰看日出」長詩，賈韜園看了之後，用他原來的詩意演爲七古，序中並說：「非與競巧，亦使知舊體無不宣之意，顧下筆如何耳。」兩詩原文太長，不便迻錄，但可以看出詩無新舊，佳者自佳，劣者自劣的道理，同時也可證明，至少在寫景上，形式是不足以拘限內容的。

姜白石說：「詩之不工，只是不精思耳。」這話說得極好，值得三復。作詩固然須要撚鬚深思，剝去數層，然不讀書而徒事苦吟，縱使撚斷筋骨，又有什麼用？劉勰說得好：「積學以儲寶，酌理以富才，研閱以窮照，馴致以繹辭。」可以作為操觚摛翰者的座右銘。

近人好以新詞彙配搭入詩，其佳者，如美人鬢邊的黑痣，益增嫵媚；其劣者，如屠沽鼻端的贅疣，傖俗可厭。

最近閱讀馬茂元的《樾園筆記》，其中有一則論詩境，批竅導卻，深中肯綮，我特別迻錄下來，或者可以引人省思。他說：「古人每以一二字為詩之眼目，而全首詩境，即從此一二字生出，如黃山谷〈題樊侯廟詩〉起二句：『門掩虛堂陰窈窈，風搖枯竹冷蕭蕭。』全首詩境，即從陰冷二字生出。三四句：『邱墟餘意誰相問，豐沛英塊我欲招。』樊侯一生，功業至多，此不敘其平生，而僅以邱墟餘意、豐沛英魂，點到樊侯者，遊人感慨生於幽冷景象中也。後四句：『野老無知惟卜歲，神巫何事苦吹簫。人歸田舍黃昏暮，惟有哀蟬伴寂寥。』樊侯廟景物甚多，而寫景止此者，寫陰冷之境也。明乎此，則作詩不至武其冠而儒其服也。」

光緒甲午戰役後，臺灣割與日本，三臺人士痛遭亡國，一時詞苑名輩，感時稱物，意苦詞工。這段時期，不僅佳篇累牘，可供採覽，尤其是民族志節，抱蘊至深，允宜急加纂輯，刊布藝林。先師李漁叔教授生前有感於此，於是廣微耆舊，編次遺稿，撰寫《三臺詩傳》，對於當時詩人，一一論定，所錄詩作，也都粲然可誦。羅述軼聞，宏揚忠義，足以增補史乘的不逮。偶爾也附以己見，評騭作品，相當能夠發人宿悟，參讀是書，三臺作者的詩心筆法，朗若眉目，忠愛節義，洗發呈露，對於文運世道，裨益良多。

羅尚，字戎庵，四川宜賓人。少陟兵塵，轉戰西南，二十餘齡，隨軍蹈海來臺，曾任職公家機關，曹官多暇，寢饋於四史，又跟隨李師漁叔學作詩，沒有幾年，便學殖益富，聲譽日隆。曾經自己說是：「本屬鈍根，道由漸悟。」這恐怕是客氣話。戎庵的作品，才大思宏，文繁理富，七古天骨開張，鏗金鏘石。七律亦整峻，感時之作，惻愴於杜陵；緣情之作，纏綿於義山，豈是那些空言藻飾的人所能方駕的？像他的〈碧瑤松下作〉三首：「風塵遠客來西蜀，海外尋山到碧瑤。曾記二君敦玉帛，欲回殘劫獻芻蕘。萬松今夜仍圍夢，斗酒明朝要解貂。充耳有聲何處至，故園梅雨正蕭蕭。」「松根枕石莫催歸，夏暑全消綠滿衣。海鶴迴翔眞得所，靈濤來往頓忘機。此時呼吸通無始，焉用言談泯是非。二十年前雲尚在，朝昏只傍嶺頭飛。」「憑高不在詡能吟，欲沼天吳起陸沈。鼇骨白時憐鬢影，蜀葵紅處動鄉心。脂凝琥珀三千載，樹憶魚鳧十萬林。魂斷雲中巴字水，壯遊何敢淚霑襟。」三詩皆饒深致，不愧作手。

朋輩中吟詠碧潭的好詩很多，顏崑陽云：「空潭猶是千年碧，換盡文山幾輩人。」陳文華云：「繁華已盡茶煙裡，唯有文山似舊青。」兩首詩都能寫盡碧潭的滄桑，立意各有獨詣。

七律束於八句之中，以短篇而必須具備縱橫奇恣、開闔陰陽之勢，而又必須起結轉折、章法規矩井井有序，所以很困難。古人說過：「作七律如同挽七札強弓，古往今來，能拉之至滿者，代不數人，人不數首。」可是本島詩人，卻偏嗜此體，不知道是什麼緣故。

范晞文《對床夜話》說：「〈四虛序〉云：不以虛爲虛，而以實爲虛，化景物爲情思，從首至尾，自然如行雲流水，此其難也。」其中「化景物為情思」一語，究竟該作何種詮釋？試看劉長卿〈新年作〉的腹聯：「嶺猿同旦暮，江柳共風煙。」劉氏說：從早到晚同我作伴的只有嶺上的猿猴；和我一起領略江上風光的只有柳樹。通過描寫景物表現思想感情，從中透露出生活的寂寞和單調，這就是「化景物為情思」，也叫做「化實為虛」。

袁保新教授送來其先祖厚安公的遺集二冊，我浣讀再三，不忍釋手。茲摘錄律體的佳句如次：「岸古苔痕澀，波平塔影圓。」（即景）「天高霜氣肅，木落陣雲酸。」（聞雁）「風吼長空動牛斗，月搖流水走龍蛇。」（月夜遠眺）「知機且作移巢燕，失路終成破卵鳩。」（江城雜詠）嘗鼎一臠，足概其餘。

韓愈一生操守堅正，直言無忌。德宗晚年，任監察御史，因上疏論旱饑宮市二事，為幸臣所讒，觸怒德宗，左遷為連州陽山令，時為德宗貞元十九年。次年春，始至湘中。二十一年正月，德宗崩，順宗即位，二月大赦，韓愈遂量移江陵府法曹參軍。八月，順宗病危，憲宗受命嗣位，翌年改元元和，六月，韓愈自江陵召拜國子博士，還朝，得復京官。計在湘中一帶，約二年有餘。這段時期，作古近體詩約三十六首，其中贈張署之作最多，凡五題，分別是：〈答張十一〉、〈八月十五夜贈張功曹〉、〈湘中酬張十一功曹〉、〈郴口又贈三首〉、〈洞庭湖阻風贈張十一署〉。其中溜黃交往之什，有〈送惠師〉、〈送靈師〉、〈別盈上人〉等詩。又其中爲後世傳誦的作品也不少，除上舉〈八月十五夜贈張功曹〉、〈湘中酬張十一功曹〉兩詩外，其他像〈謁衡嶽遂宿嶽寺題門樓〉、〈岳陽別竇直司〉等，也都是騰喧衆口的作品。從以上詩作中，我們可以窺見韓愈當時的心情，初貶陽山時，他自然不能習慣於南方的環境，他曾藉張功曹的口形容當地的情況是：「下床畏蛇食畏藥，海氣濕蟄熏腥臊。」到順宗即位，大赦令下，他非常高興，可是由於「州家申名使家抑」的關係，只不過量移江陵而已，他又發出「判司卑官不堪說，未免捶楚塵埃間」的感喟了。其間述遷謫量移之苦，也頗見其眞性情。另外，這段時期的古詩，其用筆之法也是多變化的，呈現了他超人的藝術技巧，譬如〈八月十五夜贈張功曹〉詩，全用側筆，使虛者實之，實者虛之，得反客爲主之法。陪〈杜侍御遊湘西兩寺〉詩，則運用雙拋雙綰的章法，以雙線拓展，又以細密的鍼縷銜接其間，造成高度的藝術技巧。像這類作品，都值得後世參鏡取法。

李義山詩的特色，犗略來說，約有六端，茲簡述於後：㈠詞藻穠麗：義山詩追求典雅，力避浮濫，是有目共睹的事實，讀他的詩，就像面對貴介公子，不僅服飾華麗，氣度也夠雍容，絕無一點市井氣，其詩如：「紅樓隔雨相望冷，珠箔飄燈獨自歸。」「金蟾齧鎖燒香入，玉虎牽絲汲井回。」等，都是著例。㈡詞旨隱晦：此點爲義山詩的最大特色。義山詩之所以隱晦，一般推斷有兩種原因：一是由於義山受令狐家兩代恩情，竟娶王茂元之女爲妻，又依鄭亞之幕，遂被斥爲背恩忘義，義山賦詩陳情，想取諒於令狐綯，卻以比興手法出之，所以造成晦澀；一是義山與女道士的戀愛事跡，不便直說，於是有意隱晦其詞，造成晦澀。因此他的作品不易爲後人索解。元遺山論詩，便已有「詩家總愛西崑好，只恨無人作鄭箋」之歎了。㈢好用典故：除了上述心理狀態以外，好用典故也是造成義山詩晦澀的主要原因。義山善爲四六，能隨意驅遣冷僻典故，用之於詩，也是極自然的現象。詩中如蕚綠華、杜蘭香、青女、素娥等神仙故實，宓妃、曹植、趙后、韓壽等史書故事，觸目皆是，因此讀他的詩，必須先揭開這重重煙幕。㈣工於言情：如果我們對義山詩，不用政治事件去一一徵實，牽強比附，而純以言情詩視之，則義山寫情手法是非常高妙的，如「嫦娥應悔偷靈藥，碧海青天夜夜心。」「秋陰不散霜飛晚，留得枯荷聽雨聲。」等詩，香豔而不輕薄，清麗而不浮淺，可謂不讓盛唐。㈤深於用意：義山詩爲了避俗避熟，常常剝去數層方下筆，用意非常精深，但由於他詞藻華麗，故也不失搖曳的風姿，與宋詩意深而枯瘦者不同。如「嫩籜香苞初出林，於陵論價重如金。皇都陸海應無數，忍剪凌雲一寸心」，實開宋人七絕的先河。㈥巧於結構：

義山詩的章法，往往不循一般起結常規，而能信筆揮灑，自然合度，作到最高的藝術技巧，〈淚〉詩以歸納法創作，便是著例。

李東陽《懷麓堂詩話》曰：「詩有別才，非關書也；詩有別趣，非關理也。然非讀書之多，明理之至者，則不能作。」東陽的話，是不錯的。鄙意認爲，作詩如想並軌前修，抗衡千古，就應該要才學兼具，不可偏廢，因爲博學而無才調的人，靈思久滯，情性自泯，如果摛藻爲詩，不墮機鋒，即成語錄，譬猶千鈞之弩，欲爲鼷鼠發機，恐怕不能射中。至於矜才而無學殖的人，則浮艷淺語，徒以尖新取悅，雖剪裁極巧，而根柢動搖了。必須要才學兼具，始臻絕詣，這道理頗能發人深省。可惜現今的詩人，既缺乏別才別趣的稟賦，又愛嘲笑涉經獵史爲無聊，只知道矻矻於五七字之中，抽黃對白，翫愒時日，最後終不免傖父面目。

詩不可過於流麗，也不宜偏於矜鍊。流麗的缺失，易入淺近；矜鍊的缺失，易陷板滯。必須要流麗之中有端莊；矜鍊之中有婀娜。

浮海詩話

杜詩秋興八首之八的頷聯：「香稻啄餘鸚鵡粒，碧梧棲老鳳凰枝」。一般人以倒裝句法解作：「鸚鵡啄餘香稻粒，鳳凰棲老碧梧枝。」乍看似也可通，其實應該解作：「香稻乃鸚鵡啄餘之粒，碧梧乃鳳凰棲老之枝。」原因是此聯既寫渼陂風物之美，那麼渼陂的風物香稻碧梧，便應置於突顯的位置。渼陂不可能產鸚鵡鳳凰，強將兩者置於句首，徒然使事理曖昧，主旨模糊。又鳳凰本屬神鳥，濯於弱水，暮宿風穴，見則天下大安寧，這裡用來形容碧梧之可貴。至於說香稻粒爲什麼被鸚鵡啄餘就珍貴？則不知出於何典？

韓愈南山詩的風格，可謂奇崛壯麗。奇崛原是韓詩的一貫風格，不過南山表現得更爲突出罷了。韓詩用意務求瑰奇，落筆瀕於詭險，以生剗爲刻劃，以排奡臻妥貼，說得上驚心動魄，人駭鬼眩，造成他獨特的藝術風格。在南山詩中最能表現他這種獨特風格的，自然是那連用或字領首的五十一句，純以散文句法，重複鋪敘，又以怪字險韻，錯綜其間，刻意破壞詩的和諧性與統一性，造成奇崛的風格。又如他描寫昆明池一節：「昆明大池北，去觀偶晴晝。緜緜窮俯視，側側困清漚。微瀾動水面，踊躍躁猱狖。驚呼惜破碎，仰喜呀不仆。」此節以猱狖擬人，巧思營構，刻意以尋常事造奇崛景，非常高明。

仄韵五古的聲調，清代王漁洋、趙秋谷、翁方綱均有提示，其最重要的原則有二：㈠仄韵五古的平仄，以避免入律爲原則。㈡如對句全似律，則出句必拗，反之亦然，即兩句一聯中，不得全與律句相亂。按南山詩凡一百零二韵，二百零四句，無一聯是律，合於古調。其中律句出現十九次，但相對的那一句都以古句或拗句相救，如「或蜿若藏龍，或翼若博鷲」是。總之，南山詩的聲調，無一處不合古。

詠史詩是李義山詩集中的一個藝術特徵，義山在這方面作了極大的發揮。即以他二百零五首七絕而言，詠史詩竟有四十八首之多，比例相當驚人。義山詠史之作，大約承襲工部一體，與前人比較，似乎更能將古代史實與現實情景加以融合，在藝術上更有一番創新。如他的詠史：「北湖南埭水漫漫，一片降旛百尺竿。三百年間同曉夢，鐘山何處有龍盤。」湖埭的開闢，孫皓的降晉，原都是古事，然而經過第三句的轉捩，便將「懷古」而引入「傷今」，使古事與現實相契合。這是他詠史詩中的高作。

謝茂秦說：大凡作詩，要吟起來像行雲流水；聽起來像金聲玉振；觀賞時像明霞散綺；解釋時像獨繭抽絲。這是詩家四關，假如有一關未透，就不是佳句。

在詩文中剪裁時，一要戒貪；二要求精。須知內容的充實與否，不是以字數的多寡爲標準。惟其不貪，才能掃除浮泛；惟其求精，才能蘊藉無窮。戒貪是消極的方法，求精是積極的手段，而這種不蔓不枝的工夫，正是寫好詩文的重要因素。

杜詩聯與聯之間，自具變化，如登兗州城樓的中四句：「浮雲連海岱，平野入青徐。孤嶂秦碑在，荒城魯殿餘。」頷聯宏闊，仰俯千里；腹聯委婉，上下千年。旅夜書懷的首四句：「細草微風岸，危檣獨夜舟。星垂平野闊，月湧大江流。」一聯幽細，一聯雄渾。登岳陽樓的中間兩聯：「吳楚東南坼，乾坤日夜浮。親朋無一字，老病有孤舟。」頷聯雄跨古今，腹聯寫情黯澹，詩境之闊狹頓異。此訣乃詩家金鍼，可以繡出鴛鴦。

籠統略說來，杜詩的工整處，一般人尚能企及；而杜詩的樸拙處，一般人則很難企及。蓋寄大音於泬寥之表，存至味於澹泊之中，此乃所以爲難。

少陵七絕語多蹈實，義山七絕意皆精深，宋人學習這類筆法者很多，二人七絕實開宋詩門戶。

清朝同光詩人中，我比較服膺鄭孝胥，其詩清剛瘦勁，才氣縱横，當時與陳散原齊名，並爲巨擘，著有海藏樓詩十三卷。七律工於寫景的佳句很多，如「亂峰出沒爭初日，殘雪高低帶數州」、「月影漸寒秋浩洞，柝聲彌厲夜嵯峨」、「兩部楚山臨岸起，一江初日抱樓生」、「潮喧樓外車初過，雨迸尊前曲未殘」、「春歸滄海剛三月，骨醉東風又一回」、「天半高樓收雪色，坐中明鏡對雲煙」等，不勝枚舉。可惜他後來輔佐溥儀，作了滿州宰相，晚節汙濁，憔悴以歿。陳散原夜讀鄭蘇堪詩感題：「新吟掩抑能盟我，此士浮沉莫問天」，對此老的出處進退，竟不忍說了。

易順鼎，字實甫，自號哭庵，清湖南龍陽人。幼有神童之目，長有才子之稱。石遺室詩話說：「君於學無所不窺，爲攷據、爲經濟、爲駢體文、爲詩詞。生平詩將萬首，與樊樊山布政稱兩雄。」其七律警句如：「天影四青穿檻入，秋魂一碧倚雲招」、「陣磧久迷臣亮後，江流猶想帝堯前」、「山色連雲來劍閣，江聲流月下渝州」、「水爲萬古無情綠，酒是千齡不老丹」、「一樹綠能遮兩岸，點塵紅不到深山」、「十里白雲如墮海，半天紅葉欲燒樓」、「無可奈何是花落，不如休去爲霜濃」等，旁人苦思不得的句子，在他俯拾即來，不愧爲一代作手。

先師李漁叔教授作詩，深諳「反常合道」、「無理而妙」之法，有次我就此問題向他請益，他竟全然不知，可見其才實緣天授，自然與古暗合。所著花延年室詩，凡八卷，其中佳製如雲，不一而足，如：「好月連宵爭雪色，大河千里走兵聲」、「霜氣撼星疑欲墮，花光臨水似頻移」、「淺碧一篙衝玉碎，冷雲三尺護衣青」、「夜瓢細酌千家碧，曉鏡平收一嶼青」、「萬燈搖海娟秋氣，千弩迎潮歛戰氛」、「雨過市聲喧午枕，潮來兵氣撼春燈」、「川光乍欲騰魚鱉，風力才堪決鶬鷹」、「寒谿十里生虛籟，晚雨千山掃落暉」、「獨掩微燈扃夜閣，賸攜殘句入秋衾」、「塵事經年眞草草，斜陽此夕最依依」等，皆清逸出塵，娟秀嫵媚，觸手都成妙緒。

吟詠之事，不外二端：內在言情；外在言物。耳目所及，情以物生；翰藻呈材，情隨物顯。詩品序說：「氣之動物，物之感人」，前者由此而發；「照燭三才，輝麗萬有」，後者由此而發。

李義山贈趙協律晳的第三句：「已叨鄒馬聲華末」，馬指司馬相如；易實甫再送樊山的頷聯上句：「猿鳥簡書猶畏葛」，葛指諸葛亮。都是古代詩人取單字以代複姓的實例。

馬戴落日悵望詩曰：「孤雲與歸鳥，千里片時間。念我何留滯，辭家久未還。微陽下喬木，遠燒入秋山。臨水不敢照，恐驚平昔顏。」第一五句的三四字，平仄互換，悉用單拗；遠燒句燒字作名詞解，是爲仄聲。末聯爲雙拗，下句「平」字平聲，它不但救當句「恐」字之拗仄，同時救上句「不敢」二字因平而仄的拗用。

紀曉嵐批杜詩對雨書懷走邀許主簿曰：「未能免俗，三句尤不妥。」案：此詩八句一滾而下，上四對雨，五六書懷，七八結出走邀許主簿意，通篇可作一幅尺牘看，故略嫌調俗，紀批所言甚是。惟紀氏說：「三句尤不妥」，則尚可斟酌。按「幕燕」一詞出左傳：「吳公子札聘於上國，宿於戚，聞孫林父擊鐘曰：夫子之在此，猶燕之巢於幕上。」嚴有翼詮釋說：「幕非巢燕之所，此言其至危。」丘希範與陳伯之書：「將軍魚游沸鼎之中，燕巢飛幕之上。」金劉鵬南詩：「燕巢幕上終非計。」皆用甚危之意。如果言燕而概及巢幕，又全無至危的含意，像邢劭春宴詩：「簷喧巢幕燕，池躍戲蓮魚。」謝瞻九日詩：「巢幕無留燕，遵諸有來鴻。」便是誤用其文。至於杜詩「震雷翻幕燕」，以幕燕之危比喻雷勢的迅疾，則仍合本意，並無不妥。

王維過香積寺詩：「薄暮空潭曲，安禪制毒龍。」毒龍，原本指有毒之龍。凡害人之物，皆得云毒，如毒蟲，毒藥等。不過，這裡是機心妄想的意思。趙松谷說：「涅槃經：但我住處有一毒龍，其性暴急，恐相危害。按毒龍宜作妄心譬喻，若作降龍實事用，失其解矣」，是不錯的。

病中多暇，因此選錄黃遵憲、易哭庵、樊增祥、梁鼎芬、陳散原、鄭孝胥、范當世、趙香宋、夏敬觀、李拔可、羅癭公、汪榮寶、曹經沅、黃晦聞、黃秋岳等清末十五名家詩，以爲他日作賞析時的準備，同時我還寫了凡例三則，茲迻錄於后，也好讓初嗜吟詠者了解我選詩的梗概：㈠本文選詩，多以陳衍近代詩鈔爲藍本，然而細挑嚴選，可說是精益求精。㈡選詩暫以七律爲主，但應酬詩不選，詠物詩也不選，所選的詩，大抵有眞懷抱、眞理想，而文字通鬯者。㈢每一作者，至少一首，最多三首。因窘於篇幅，而作此處理，乞諒！

紀昀說：「王、孟詩大段相近，而體格又自微別。王清而遠、孟清而切」，這話不錯，可謂深中肯綮。王維終南別業詩：「中歲頗好道，晚家南山陲。興來每獨往，勝事空自知。行到水窮處，坐看雲起時。偶然值林叟，談笑無還期」，便是「清而遠」的明證。孟浩然過故人莊詩：「故人具雞黍，邀我至田家。綠樹村邊合，青山郭外斜。開軒面場圃，把酒話桑麻。待到重陽日，還來就菊花」，便是「清而切」的明證。

李義山的詩，用字凝鍊，句法跳脫，對仗富變化，裁章也跌宕生姿，最適合初學者入手，蓋畫虎不成，起碼還像隻貓，不會離譜太遠。初習詩者最忌由王、孟入手，蓋學王不成，流爲空腔；學孟不成，流爲淺語。只圖貪其平易，不爲滑調不止。紀曉嵐說得好：「此詩之妙（謂王維終南別業）由絢爛之極歸於平淡，然不可以躐等求也。學盛唐者當以此種爲歸墟，不得以此種爲初步。」初習操觚者，允宜三復斯言。

一般對偶只是平列，但對偶的靈活運用，尚有兩法值得參鏡：一是「流水」；一是「倒挽」。「流水對」是兩句一串，氣脈不斷，非上下合看，其意義不顯，如張九齡「情人怨遙夜，竟夕起相思」、蘇軾「豈意青州六從事，化爲烏有一先生」等聯，莫不意在一貫，十分圓暢流動。「倒挽對」也稱「逆挽對」，是將上下兩句的因果順序刻意倒置，逆挽成趣，如杜甫「更爲後會知何地，忽漫相逢是別筵」、溫庭筠「回日樓臺非甲帳，去時冠劍是丁年」等聯，皆兩句先後倒敘而又成對，妙境只在轉換之間，如果順說，便涉平淺。

杜詩三吏、三別，同屬新樂府，多爲椎心刻骨之作。若以感人的程度論，則三吏不如三別，而三別中，新婚別不如垂老別，垂老別又不如無家別。若以創作技巧論，六詩中石壕吏最爲精彩。若以通篇的優劣論，六詩中潼關吏最爲遜色，有人認爲從此詩可以窺知老杜對兵學的卓識，顯然昧於事理，不足採信。

細繹杜甫北征詩，其中眞情流露，波瀾頓挫，令人不忍釋手。原本在「皇綱未宜絕」句下，跳接「煌煌太宗業，樹立甚宏達」兩句，便可結束，如何老杜硬插入回溯狼狽初一段，再起波瀾？原來他想告訴別人七件「與古先別」的事：㈠姦臣葅醢、㈡同惡蕩析、㈢自弭女禍、㈣英主明哲、㈤將士忠烈、㈥庶黎歸心、㈦天佑朝廷，有此七事，所以他預卜大唐必然中興。

王維長於五律，他的詩自然冲淡，語淺有致，騰喧衆口的名句有：「渡頭餘落日，墟里上孤煙」、「明月松間照，清泉石上流」、「白雲迴望合，青靄入看無」、「古木無人徑，深山何處鐘」、「山中一夜雨，樹杪百重泉」、「鳥道一千里，猿聲十二時」、「日落江湖白，潮來天地青」、「江流天地外，山色有無中」、「落日鳥邊下，秋原人外閑」、「大漠孤煙直，長河落日圓」、「雨中山果落，燈下草蟲鳴」、「行到水窮處，坐看雲起時」諸聯，皆能蟬蛻塵埃之中，浮游萬物之表。

元遺山的七律，沉痛激烈，盡得老杜神髓，佳句如：「落落久知難合在，堂堂原有不亡存」、「長虹下飲海欲竭，老雁叫群秋更哀」、「高原水出山河改，戰地風來草木腥」、「喬木他年懷故國，野煙何處望行人」、「枯槐聚蟻無多地，秋水鳴蛙自一天」、「滄海忽驚龍穴露，廣寒猶想鳳笙歸」、「骨肉他鄉各異縣，衣冠今日是何年」等，其沈鬱處，眞可說是工部嫡派。

杜詩蜀相：「映階碧草自春色，隔葉黃鸝空好音」，全聯錬在虛字，如果無此二虛字，則全聯顯得平庸，不見精彩。仇兆鰲說：「草自春色，鳥空好音，此寫祠廟荒涼，而感物思人之意即在言外」，頗能雅得詩心。嘗見一士人以翰墨大書此聯，卻易「自」作盡，易「空」作鳴，純然寫景，原意盡失，說他點金成鐵，絲毫不差。

唐人七絕詠邊塞的作品很多，但用意微有差別，不盡相同。王翰涼州詞：「醉臥沙場君莫笑，古來征戰幾人回」，這無疑是非戰思想。王昌齡出塞：「但使龍城飛將在，不教胡馬度陰山」、王之渙涼州詞：「羌笛何須怨楊柳，春風不度玉門關」，則是反侵略戰的改革思想。

王翰春日思歸的頭二句曰：「楊柳青青杏發花，年光誤客轉思家」，首句點明春日，次句泛寫思歸，「轉思家」以下，可作若干方面的發揮，或思家鄉人事，或思家鄉風物等，要之，七絕宛轉變化的工夫，全在第三句，作者若於此轉變得好，那麼第四句自然水到渠成。王氏詩的末二句是：「不知湖上菱歌女，幾箇春舟在若邪」？

唐人七絕的壓卷之作，明清兩代說法紛紜。王翰「葡桃美酒」一首，明王世貞推爲冠軍。王昌齡「秦時明月」一首，明李攀龍許爲壓卷。王維「渭城朝雨」、王昌齡「奉帚平明」、王之渙「黃河遠上」、李白「朝辭白帝」等四首，清王漁洋並置第一。李益「回樂峰前」，劉禹錫「山圍故國」、牡牧「煙籠寒水」、鄭谷「楊子江頭」等，清李鍈認爲：這四首詩雖不是壓卷，但與前舉諸作，差可肩隨。

陳陶隴西行：「誓掃匈奴不顧身，五千貂錦喪胡塵。可憐無定河邊骨，猶是春閨夢裡人」。明王元美藝苑卮言曰：「（末二句）用意工妙至此，可謂絕唱矣。惜爲前二句所累，筋骨畢露，令人厭憎。葡萄美酒一絕便是無瑕之璧，盛唐地位不凡乃爾」。這番話說得大致不錯，只是他胸中橫亙盛唐晚唐之見，所以立論有時不夠持平。事實上，盛唐也有劣詩，晚唐也有佳作，徒然以一首作品範概一個時期，未免顯得有點迂疏！

同是送別，卻效果不一。李白詩：「孤帆遠影碧空盡，惟見長江天際流」，離情依依，都在言外；孟浩然詩：「日暮孤帆泊河處，天涯一望斷人腸」，瀾翻泉湧，一覽無餘。

據說張繼的楓橋夜泊：「月落烏啼霜滿天，江楓漁火對愁眠。姑蘇城外寒山寺，夜半鐘聲到客船。」在大陸或以書法條幅出現，或與繪畫詩意的國畫同時出現，已經成爲扶桑旅遊客的最愛了。

一個字視其意義，而有平仄兩讀者，譬如吹字，作動詞解爲平聲，像吹風，作名詞解爲仄聲，像松吹；又如燒字，作動詞解爲平聲，像大火燒山，作名詞解爲仄聲，像燃燒之處。古人常將這種兩讀字，以平作仄，或以仄作平，如杜少陵詩：「百年垂死中興時」，中間之中當作射中之中用；李義山詩：「嗟余聽鼓應官去」，反應之應當作應該之應用，以求符合聲調。

唐詩言情，宋詩主意；唐詩豐腴，宋詩瘦勁；唐詩像楊玉環，宋詩像紀政。前者如劉長卿過賈誼宅：「三年謫宦此棲遲，萬古惟留楚客悲。秋草獨尋人去後，寒林空見日斜時。漢文有道恩猶薄，湘水無情弔豈知。寂寂江山搖落處，憐君何事到天涯。」後者如黃山谷徐孺子祠堂：「喬木幽人三畝宅，生芻一束向誰論。藤蘿得意干雲日，簫鼓何心進酒尊？白屋可能無孺子？黃堂不是欠陳蕃。古人冷淡今人笑，湖水年年到舊痕。」這樣比較太過粗糙，讀者不妨隅反。

最近閱讀中國古代文藝美學範疇，該書條分縷析，受益匪淺。其中有一節引文記敘李斗揚州畫舫錄的話，論虛實之道，非常有趣，特迻錄於后，供初習吟詠者參酌。李氏說：「吳天緒效張翼德據水斷橋，先作欲叱咤之狀。衆傾耳聽之，則唯張口怒目，以手作勢，不出一聲，而滿室中如雷霆喧於耳矣。其謂人曰：『桓侯之聲，詎吾輩所能效？狀其意，使不出於吾口，而出於各人之心，斯可肖矣。』這種由想像出來的喝聲，由於和聽衆各自的經驗密切相連，可能更爲震撼人心！細參此段，可悟虛實之法。

自鯤南移居北臺以後，曾參加過很多詩社，諸如：明夷、網溪、停雲、弧觴、春人等，拜謁結識過不少詩人。其中以明夷詩社最令人懷念，水準也最高，成員有丁治磐、梁寒操、王家鴻、胡慶育、陳南士、蘇笑鷗、李漁叔、陳季碩、張惠康、吳萬谷、江兆申、羅戎庵與我，一年輪值一次，且有月課，席間則研摩詩學，月旦人物，莫不雋藻紛呈，妙語如珠，可惜只繼續一稔餘，便水流星散了。

折楊柳、落梅花，皆古笛曲名。李青蓮詩云：「黃鶴樓中吹玉笛，江城五月落梅花。」王之渙詩云：「羌笛何須怨楊柳，春風不度玉門關。」指的都是笛曲。

詩中的藝術技巧，是中性的，它最多只具有說明分析的作用，卻絲毫沒有價值優劣評斷的意味，因爲一首好詩，固然須要使用藝術技巧，得以完成，但一首壞作品同樣也可以運用藝術技巧，加以潤飾。因此，凡藉此來評斷一首作品的良窳與否，是件相當冒險的事。

秋天的棲霞山，滿山紅葉，艷如春花。詩人們據此場景，各憑感覺，作了一句七言詩：㈠「一山楓葉紅如火」；㈡「半林紅葉欲燒樓」；㈢「收殘紅葉怕山燒」，如果一定要略加妄議，則依個人的淺見，從後面算來，一首好過一首。所持的理由很簡單：第一句用明喻格，如字太露；第二句純然寫景，自然生動；而第三句，則不但化無關爲有關，且又情景交融。

患病以來，移家玫瑰中國城，至友宋定西，每月招飲，盛情可感，爰得七律一首相贈，略述兩人交情，以及他平生行誼：「負笈鯤南是舊知，北臺竟又聚牙期。尙分斗粟憐余拙，既倒文瀾倩汝支。招客曾沽元亮酒，刊書初選少陵詩。輸君豪氣干霄漢，方駕朱家此最宜。」

定西主持漢光公司業務，又喜宴客，故腹聯連類書之。

杜詩的章法，跌宕頓挫，最爲可師。杜集中以哭起、以哭終的詩有兩首，其一是兵車行，首段云：「牽衣頓足攔道哭」，結處云：「新鬼煩冤舊鬼哭」，以人哭起，以鬼哭終，照應在有意無意間，非常奇特。其二是哀江頭，前云：「少陵野老吞聲哭」，後云：「人生有情淚霑臆」，從哭起到哭結，而浮空「哀」字，才有著落。

逆挽的章法，常常被用於詩的首次句，倒戟而入，讓人有高山墜石，不知其來的驚訝！範例如：「素練風霜起，蒼鷹畫作殊」（杜甫）；「風勁角弓鳴，將軍獵渭城」（王維）；「嗟君此別意何如，駐馬銜杯問謫居」（高適）等皆是。

白居易提倡洩導人情、補察時政的寫實文學主張，其實他只是粧點風雅，而對於民間疾苦，本無深解，難怪杜牧之會譏諷他的詩是「淫言媟語」了。

陳三立散原精舍詩，氣壓同光，潤逼江西，可標爲五百年作者，不愧爲一代巨擘。七律佳句如：「瓦鱗新雪生春豔，旌角寒雲捲雁高」、「篋中槧本千靈吼，髻底波濤九派分」、「半壑松篁藏梵籟，十年心迹照秋陰」、「過逢江漢頭俱白，上薄風騷氣獨蒼」、「滿湖秋落殘荷色，斜日杯浮大道塵」、「絃歌不到鳴蟬處，酒舫時隨倦鳥停」、「磊砢終扶松柏氣，狂愚已負嘯歌身」、「忽度鶴聲收滿袖，遙憐鵲影遶無枝」、「疏林烏鵲銜晴出，荒徑豺狼得食驕」、「下簾自撥烹茶火，搜篋曾無賣賦金」等，都是格老境深之作。

絕句應該以神味爲主，因爲絕句的字數本就不多，寥寥數語，意竭則容易神枯，語實則容易味短，只有含蓄婉約，使人低徊不盡，才是上乘作品。如王維、王昌齡、李白諸人，最擅長此體，而李益、杜牧、李商隱等輩，也差可接踵，至於杜甫，則往往遁爲瘦硬牙杈，卻也別饒風韻。

劉長卿新年作的頷聯：「老至居人下，春歸在客先」，方虛谷曰：「三四費無限思索乃得之，否則有感而自得。」紀曉嵐曰：「三四兩句漸以心思相勝，妙於巧密而渾成，故爲大雅。」都能深中肯綮。春歸句殆可衍爲兩解：一說大地春回，竟翻在人歸家鄉之前；一說春天無不到之鄉，因此我尙淹留殊方，而春已返回故園了。兩說似皆可通。

語意承上啓下的一聯，在古體詩中前人稱爲過句，其實在近體詩中，也不乏此例，譬如劉禹錫蜀先主廟的五六句：「得相能開國，生兒不象賢」，從語意上講，此聯得相五字總收頷聯，生兒五字開啓末聯，這十字承上啓下，正是過句。

律詩賦罷，最好是將八句平列，橫向逐字檢查，如此可避調複之病。杜詩江漢的頷腹兩聯：「片雲天共遠，永夜月同孤。落日心猶壯，秋風病欲蘇」，便是犯了調複。想係老杜偶爾失檢，不足爲式。

用事可分爲明用與暗用兩種，這兩種手法各有其利弊：好處是明用故實，容易有線索翻檢辭書，便於理解；暗用故實已近於化典，宛如直抒胸臆，即使不明出處，也能瞭解作意。疵點是明用故實，有時太過生澀冷僻，直接造成閱讀時的障礙；暗用故實，如水中滲鹽，無痕而有味，讀者若不能洞悉元本，賞析時終隔一層。

用辭不同於抄襲。用辭屬於用典下的一種型態，與用事方駕並轡。韓愈爲文主張「唯陳言之務去」，但作詩卻不避陳言，可知用辭在詩中是被允許的，舉凡經史子集用過的詞彙，詩人無不可選用，這樣作非但不算抄襲，且被視爲「無一字無來歷」，如杜工部詩：「伐木丁丁山更幽」，前四字用詩經，下三字用樂府，全句竟無一字是自己的。據悉用辭的好處有二：㈠某詞既爲前人使用，表示已經過錘鍊；㈡可讓人上溯出處，多一層聯想。有此兩項優點，莫怪古人的詩，會不避用辭了！

第十一屆大專院校青年詩人聯吟大會，訂於八十二年十二月十一、十二日兩天，假東吳大學舉行。這次共有十五所大學，七百餘人參加比賽，分爲創作組及吟唱組，眞可謂漪歟盛哉！七律詩題是：「獨坐」，限微韻；七絕詩題是：「苦蚊」，限尤韻。特錄七律元作如下：「浮雲疏淡雨霏霏，獨坐平臺賞翠微。蕭瑟林寒風摘葉，空濛山秀霧沾衣。青蓮自酌心猶樂，靖節躬耕願不違。得意何須名利覓，清香拂面賦詩歸」，詩雖不算頂好，但初試啼聲，而有此成績，也相當難能可貴了。

七古平韻到底的聲調，王漁洋曾有提示，要訣是：㈠斷不可雜以律調；㈡全聯上句二平五仄；㈢下句四仄五平、三平落腳。吾輩細參韓昌黎鄭群贈簟、蘇東坡舟中夜起二詩的平仄，便知王氏所言非誑。

讀書札記

尚書正讀跋

嗟夫，先典幽渺，難全其貌。審其所以殘訛者衆矣！或傳抄既久，字多誤謬，魯魚帝虎，書不過三焉。或脫簡闕文，屢費猜想，是以郭公夏五，義多不顯。或舊筆失眞，強爲言詮，故郢書燕說，語常附會。或刼於火，或刼於水；或刼於塵，或刼於蠹，或刼於不文者。如是，而亙千年以下，欲得其眞全，不亦難乎？況時有古今，地有南北，語文之變，朝啇暮羽，春筍秋篁，音有所不一，形亦相殊，而其義遂不彰焉。今若欲正其讀，本其形，端其義，不亦難乎？又先民著書，每隱其姓名，託諸舊典，或假以要祿，如梅頤之僞尙書者，或便於傳世，如魏晉人之僞列子者。今欲辨其眞僞，定其時空，以斷其價値，不亦難乎？

如斯三難，故後世之務注疏義解者，雖頻鼓簧舌，競搖大筆，三字之說，動輒千言。然欲求能正百代之訛，明群經之義者，世不過二三人焉。而古人注書，常偏乎一好，或長於音，而略於形義，或長於形，而略於音義，或騁其義理，而忽於音形。漢承秦火之餘，訓詁因之而興，此爲勢之必然。觀漢儒之所致力者，多在蒐求編訂之功，以還群經面目。然其術行之既久，漸形煩瑣，不免支離經義，略其理氣焉。故桓譚新論云：「秦近君能說堯典篇目，兩字之說，至十餘萬言，但說曰若稽古三萬言。」漢志亦云：「後世經傳，既已乖離，博學者又不思多聞闕疑之義，而務碎義逃難，便辭巧說，破壞形體。說五字之文，至於二三萬言，後進彌以馳逐，故幼童而守一藝，白首而後能言，安其所習，毀所不見，終以自蔽，此學者之大患也。」故訓詁之學，造乎其極，斯不免偏巧於音形句讀，而經義遂其碎矣。而宋儒則匯釋道之玄義，遊理氣之高談，務虛遠而略近實，章句訓詁，不爲時士所重，以致乎學者常苦於誦讀也。大抵漢儒說經，長於章句訓詁，而煩於辭，碎於義，不得約其大旨也，宋儒說經長於審辭氣，究義理，而浮於言，虛於義，不得切近務實之解也。有宋以下，學者治經，非漢即宋，欲得能約其辭而盡其旨，得其理而切其實者，唯顧炎武、阮芸臺、王念孫、戴東原、魏默深諸家而已矣。

今觀夫益陽曾運乾星笠之尚書正讀，庶幾能兼有漢宋之長，而祛其短，差肩於阮、王、戴、魏諸家而不稍遜焉。審其書之勝處，在乎能從正音讀、解字句，審詞氣而明其義旨焉。辭約而理盡，音正而義實。如大誥云：「爽邦由哲，亦惟十人迪知上帝命。越天棐忱，爾時罔敢易法，矧今天降戾于周邦。」正讀云：「爽猶尚也，聲之轉。比較詞，用於句首，與矧對。如康誥，爽惟民迪吉康，我時其惟殷先哲王德，用康義民作求，矧今民罔迪不適，不迪則罔政在厥邦。……迪，導也。越，于也，棐，輔也。忱，誠也，……本文詞意均倒，猶云越天棐忱，惟十人迪知上帝命，邦尚由哲，爾時罔敢易法，矧今天降戾於周邦。意言周家開國于天輔誠之時，惟亂臣十人，迪知上帝命，邦尚猶哲人作主，爾時無敢慢易九伐之法者。八百諸侯，不召自來，不期同時，不謀同辭，此其是也。矧今天降戾于周邦，前王既喪，三監淮夷竝畔，亦有民獻十夫予翼，而可不由哲而敢易其法乎。」言爽猶尚也、聲之轉、用爲比較詞。言越、于也。棐、輔也。言本文詞意均倒者，皆從正音讀，解字句，審詞氣而遂出義旨矣。凡此之類，皆非浮詞淺說，故作玄虛也。蓋能入乎小而出乎大，推乎近而及乎遠，審乎詞而得乎理。其非漢宋之兩兼者乎？

尚書一經，其文傳之既遠，以今之語言文字，而欲解數千年前之語言文字，其齟齬幽晦可知矣。故歷來之學者莫不病於校讀。而後世之治尚書者，或囿於典章之考究，或限於眞僞之析辨，少有能自語文之難處，作根本之疏解，而示讀者以津梁焉。高郵王氏之作，雖能兼訓詁詞氣之功，以善其讀。然條舉札記，要而不全，未能作有體系之闡說。而江艮庭、王西莊、孫淵如諸家，雖能通說全經，然訓釋不精，往往未能盡得意旨。故楊樹達序云：「王氏書說雖善，顧未能及全經也。自如江艮庭、王西莊、孫淵如諸家能說全經矣，訓釋之精不逮王氏遠甚。往往讀一篇竟，有如聞異邦人語，但見其唇動，聞其聲響，不知其意旨終何在也。」然星笠公之治學也，根柢於音韻，枝幹於文法，而華實於義理。其說尚書，知音韻有古今之變，文法有來往之遷。音韻不得其明，文法不得其順，則義理不得其正也。乃今以斯三者貫而通之，遂使先典之意，如置目前矣。善乎曾氏之治尚書也，宜其駕乎並世之學者，而得為吾輩之圭臬焉。

揚雄的辭賦

一、揚雄略史

在韻文史上，漢代的辭賦是頗具盛名的。繼承了北方詩經與南方楚辭的精華，漢賦用著一種獨特的形式發攄了那個時代的情感意識。飛文競麗，鋪采摛揚，或寫景物，或敘時事，無一不侔色揣構，竭盡所能。國祚四百餘年的兩漢，倒也產生了不少著名的作者，即就西漢而言，從最早的賈誼、枚乘，武宣到元成時代的司馬相如、東方朔諸人，都曾放出耀眼的光芒。西漢末葉，當辭賦逐漸走入模擬風氣聲中，蜀郡成都出生了一位大思想家兼大文豪的揚雄。他字子雲，自幼好學，爲人簡易，但是因有口吃的習慣，不能劇談，因而養成了沈默深思的性格，他心性澹泊，沒有嗜慾，唯博覽群書，通曉大義，並又不屑於當日勤力訓詁章句的漢儒功夫，卻喜作辭賦，家僅十金，窘迫非常，然心安理得，立志雄闊，非聖哲之書不讀，漢書本傳曾以「不汲汲於富貴，不戚戚於貧賤，不修廉隅以徼名當世。」作爲他秉持人生理想的原則，便是極眞實的寫照。

他是四川人，在他之前，蜀郡也曾出過大文豪司馬相如，這是一位給揚雄畢生有極大影響力的作家，漢書上說：「先是時，蜀有司馬相如，作賦甚弘麗溫雅，雄心壯之，常擬之以爲式。」這可說是極其崇仰了。三十二歲那年，他到了西京，當時有一個同鄉楊莊做成帝的郎，便在皇帝面前誦讀揚雄的作品，成帝相當激賞，而當時的大將軍王音又推薦他，正値天子要郊祠甘泉泰時，汾陰后土，禱求後嗣，因召揚雄待詔承明殿，他因官拜爲郎、給事黃門，雖然這個官並不大，但從此揚雄卻隨著皇帝壯遊甘泉，渡黃河，登歷山、華山，寫下了不少著名的賦篇，所謂四大賦的「甘泉」、「河東」、「羽獵」、「長楊」，都是極具代表性的作品。

成帝之後，哀平二帝，國勢漸衰。王莽篡位以後，一班遊說之士，得到高官厚爵的很多，他本不是個希求倖達的人，始終不肯依附權勢，於是他不計卑微的閉門著書，尋求心靈的平靜，不料有一次劉歆的兒子劉棻獻奏符命，違背了王莽的心意，莽大怒，將棻發配邊地。劉棻嘗從揚雄學習古文奇字，因此遭到牽連，那天官差前來捉拿他時，揚雄正在天祿閣上校書，聽說有人因棻事發來拘捕他，便急急從天祿閣上跳下來，幾乎摔死，事後王莽知道他並未涉及，便下詔不再追究。而後，他被召爲大夫，在京師裡，偶有一兩個好友帶著酒前來求教，生活很是清苦，深持儒家思想的他，卻從未對自己沈默追尋的人生理想產生疑竇躊躇。「用心於內，不求於外」，這是他用志專心所作的抉擇，他解嘲地說著自己是「默然獨守吾太玄」。「太玄」，是他有感於易經而寫的人生觀察的作品，和專言各地語言的「方言」一書，有著不朽的價值，在王莽專權的日子裡，這著書的工作便是他精神上最大的寄託。

天鳳五年，他以七十一歲的高齡去逝，睽諸揚雄的一生，身繫憂亂，不得顯進，但從他傳世衆多豐富的著述及賦篇來看，他不但精通小學，更彩繪文藻，貫通儒道，在兩漢之中，實不易找出一個與他如是兼具才學的作者來，他一生的方向，似乎只爲了理想而活著，我們與其說他屈於世亂不得伸展，無寧說揚雄一生是過著契合自己理想生命型態的生活，我想這是最能肯定揚雄在文學地位價值的理由了。

二、揚雄作品繫年

揚雄傳世的作品，漢書收有「反離騷」、「解嘲」、「解難」及「甘泉」、「河東」、「羽獵」、「長楊」四賦。昭明文選除四大賦之外，另錄有「趙光國頌」、「劇秦美新」二篇文章。古文苑一書所存更夥，有「太玄」、「逐貧」、「蜀都」三篇賦，「元后誄」、「答劉歆書」、「州箴」十二篇，與「官箴」十六篇。這麼多的作品，我們若依近人董作賓先生所撰「方言學家揚雄年譜」一文的分法，逐年配合產生的賦篇著述，大致可作如是的安排：出仕前的作品、宦遊京華的作品以及晚年「童子雕蟲篆刻」、「壯夫不爲」的作品。

出仕前是他最窘迫的時候，那時他居農耕作，家計並不富裕，二十歲所寫的「逐貧賦」正可描寫出他胼手胝足的情形：（全漢文五十二）

「揚子遯居，離俗獨處，左鄰崇山，右接曠野……人皆文繡，余褐不完；人皆稻粱，我獨藜飱。」

可見此時他的生活是相當困頓的。從二十歲到三十歲之間，根據文獻記載，他又有數篇文章；漢書說：

「又怪屈原文過相如，至不容，作離騷，自投江而死；悲其文，讀之未嘗不流涕也。以爲君子得時則大行，不得時則龍蛇；遇不遇，命也，何必湛身哉？迺作書，往往摭離騷文而反之；自崏山投諸江流，以弔屈原，名曰反離騷；又旁離騷作重一篇，名曰廣騷；又旁惜誦以下至懷沙一卷，名曰畔牢愁。」這三篇，今天所見的僅有漢書收載的「反離騷」一文，內容規仿離騷，而在思想上是與屈原大異其趣的。

成帝陽朔三年，他三十二歲，初游京師，即因文雅而受召於當時的大司馬車騎將軍王音，拜爲門下史，第二年，他因蜀郡人揚莊的引薦，得成帝召見，並除爲郎，給事黃門，開始了宦遊京華的生涯。這時，他三十三歲。

在京師裡，他和劉歆等人同事，並得觀石室之書，由於他過去曾經和蜀人莊君平及臨邛林閭翁孺治方言，因此深好訓詁，並采輯各地方言，爲著書而準備。漢成帝元延二年，他四十三歲，是年正月，天子巡幸甘泉，揚雄隨行。甘泉本是秦代帝王的離宮，極具奢靡壯麗，每當帝王出遊，車騎之衆，往往繁盛到足以驚動天地，他因作「甘泉賦」以諷。三月，天子將祭后土，漢書記載這一段事情說：「上乃帥群臣橫大河，湊汾陰。既祭，行遊介山，回安邑，顧龍門，覽鹽池，登歷觀，陟西岳以望八荒，迹殷周之虛，眇然以思唐虞之風。」他以爲天子如此，亦太過於沈耽逸樂，於是上「河東賦」以諫。這年十二月，天子羽獵，揚雄隨侍，當他見到帝王周袤數百里的宛囿，有感於用費的侈靡誇詡，便又作「校獵賦」規勸，這些，都是陳古諷今，寓意深刻的作品，希望成帝大規模的畋獵遊戲，不致妨礙農民的生活和國家的強盛。這也便是他所作另一篇「長楊賦」籍著翰林主人，子墨客卿的對話來諷諫的眞正原因和意義了。

成帝駕崩之後，哀平二帝，國勢益衰，王莽持政，號安漢公。與揚雄同時的劉歆也做到了右曹太中大夫，揚雄安於卑位，只埋首於自己的著作，從哀帝元壽元年到平帝元始四年這六年當中，他完成了「太玄」、「解嘲」、「解難」、和「訓纂篇」等作品。「炎炎者滅，隆隆者絕。……高明之家，鬼瞰其室。攫拏者亡；默默者存。位極者宗危；自守者身全。」（解嘲）他對於世俗的是非，已看得如此透徹，所以退而脩「太玄」，究天人之道，求玄默之極，「惟寂惟寞，守德之宅」（解嘲）這時，他是五十七歲。從此之後，他輟筆不再爲賦，依據前人的考訂，從五十九歲至六十七歲之間，他只寫了「十二州箴」、「二十五官箴」、「元后誄」、「劇秦美新」等文章。此段歲月中，他生命中最大的願望似乎不只是這些而已！最偉大的著作該是那本「法言」了。「法言」成於他六十五歲之時，那代表了他對文學觀念的徹底改變，也關係到整個漢賦在內容思想的轉換。「或問：君子尙辭乎？曰：君子事之爲尙。事勝辭則伉；辭勝事則賦；事辭稱則經。足言足容，德之藻矣。」（法言吾子篇）這正顯示揚雄的文學生命，根植於眞實的內容，而不再是過去漢賦夸飾空虛的鋪陳形式。他又說：「萬物紛錯，則懸諸天；衆言淆亂，則折諸聖。」、「不合乎先王之法者，君子不法也。」

（法言吾子篇）宗經徵聖之意，也漸趨明朗，也可看出一些他晚年之所以「童子雕蟲」「壯夫不爲」的端倪了。

三、揚雄辭賦在漢賦中的地位

除此，尚須一提的，是揚雄辭賦在漢賦中的地位。

在班固兩都賦序中，曾有一段文字對當日漢賦興盛情形作如是的描寫：

「大漢初定，日不暇給，至於武宣之世，乃崇禮官，考文章……若司馬相如，虞丘壽王，東方朔，枚皋，王褒，劉向之屬，朝夕論思，日月獻納……時時間作，或抒下情而通諷諭，或以宣上德而盡忠孝，雍容揄揚，著於後嗣，抑亦雅頌之亞也。孝成之世，論而錄之，蓋奏御者千有餘篇，而大漢之文章炳焉。」

當日盛況可知矣。而揚雄在此濃厚的文學風氣中，卻能別樹一幟，就文學史的意義上說，他應該是個文學觀念轉換的關鍵人物。主要的，我們可無疑地發覺漢代初期以至揚雄之前的賦，大都只能鋪排堆砌美麗的字句，而內容卻侈言無驗。如所謂的「七體」和司馬相如、東方朔諸人的賦，均爲誇張形勢之作，其後雖有如王褒洞簫賦一類突出的作品，卻無起一般的觀念，揚雄早年的賦受這方面的影響極大，他也首重模擬，荅桓譚論賦書云：「能讀千賦，則能爲之。」但是，無疑地，他漸漸走向了寄意諷諫與宗經尚事的路子，並不僅再步入前人的窠臼。班固在傳贊中說：「以爲經莫大於易，故作太玄；傳莫大於論語，作法言；史篇莫善於倉頡，作訓纂，箴莫善於虞箴，作州箴；賦莫深於離騷，反而廣之；辭莫麗於相如，作四賦：皆斟酌其本，相與放依而馳騁云。」雖謂其「放依」，但又不否認他的「馳騁」，試看他那所謂的「四大賦」，雖然麗辭瑰語，但其中可看出勸諫的意味，而且也與司馬相如的賦有所不同，這可知他並非一味模倣。其次，他對於辭賦的注重義理，亦對後世文學的面目產生了推展的力量，而爲人接受。如果我們想再對他作進一步的瞭解，那麼文心雕龍辨騷篇所說的：「馬揚沿波而得奇，其衣被辭人，非一代也。」該是較平允的批評了。

四、揚雄辭賦的特色—規模前人的痕跡

最後，值得順便一提的，是有關於揚雄辭賦規模前人的幾處痕跡。

揚雄的文學，大都規撫前人，從後代人們的研究中，亦能歸納而得，如清孫梅四六叢話云：「甘泉、藉田、齊肅典雅，東皇、司命之麗則也」；「解嘲、答賓戲，問對雄奇，漁父之深趣也。」此乃謂其遠祧屈賦；而承於相如之部，漢書本傳已云：「先是時，蜀有司馬相如，作賦甚弘麗溫雅，雄心壯之，每作賦，嘗擬之以爲式。」更有其在答桓譚書中所說：「

大抵能讀千賦，則能爲之。諺云：習伏衆神，巧者不過習者之門。」可爲證。

往往，人選擇某一個方向皆是無端的、無動機的。這可作爲揚雄之所以選擇了屈原和相如的理由。

「惟天軌之不辟兮，何純絜而離紛！紛纍以其淟涊兮，暗纍以其繽紛。」

「鳳凰翔於蓬陼兮，豈駕鵝之能捷！騁驊騮以曲囏兮，驢騾連蹇而齊足。」

這是反離騷中的句子，那種感情，那種型式，不就是屈原離騷「曾欷歔余鬱邑兮，哀朕時之不當，攬茹蕙以掩涕兮，霑余襟之浪浪。」的型式嗎？

再引他「羽獵」「長楊」諸賦，也可比較出若干線索：

「於是聖武勃怒，爰整其旅，迺命驃衛，汾沄沸渭，雲合電發，猋騰波流，機駭蠭軼，疾如奔星，擊如震霆。」（長楊）

「亶觀夫剽禽之紲隃，犀兕之抵觸，熊羆之拏玃，虎豹之凌遽，徒角槍題，注碁蹶竦讋，怖魂亡魄，觸輻關脰，妄發期中，進退履獲，創淫輪夷，丘累陵聚。於是禽殫中衰，相與集於靖冥之館以臨珍池，灌以岐梁，溢以江河，東瞰目盡，西暢無崖。」（羽獵）

這也不就是司馬相如上林賦「於是乎玄猨素雌，蜼玃飛蠝，蛭蜩蠼猱，獑胡豰蛫，棲息乎其間，長嘯哀鳴，翩幡互經。」的型式嗎？

當然，司馬相如也承襲了屈原，而揚雄除了在離騷裡擷取精華，更在司馬相如的基礎上獲得更進一步的發展，更有屬於自己的文學理論來支持創作，這是較爲成功的。他雖然規撫司馬相如，但又不盡全同，那是由於兩個人在學識，神思，個性上都有差別的緣故。揚雄的賦仍是以規勸爲主的，他仍是希望籍著作品「奉太尊之烈，遵文武之度，復三王之田，反五帝之虞，使農不輟耰，工不下機，婚姻以時，男女莫違。」而非專事模擬的。

劉勰麗辭篇引述

說文：「麗，旅行也」，古文作丽，象兩兩相比之形，可知劉勰所謂的麗辭，即是指排比對偶的駢儷之辭。

排比對偶爲中國語文所獨擅，我們知道，中國的語文，天然具有字句整齊，音調鏗鏘，風韻婉約等三種特質，但如果我們肯作深一層瞭解，不難發現其中風韻一項，是文學家公有的境界，無論南疆北域、西歐東洋的作者，都能做到。至於音律方面，西方的拚音文字，雖無法以一音叶一宮商，然仍有節奏可言，同樣能使音節協暢。唯獨對偶排比，由於西文字形的脩短不齊，字義的簡複各異，要想字句整齊，是萬萬做不到的，最多也只能分行排列，粧點形態而已。反觀我國文字，皆單音孤立，有時從類爲朋，藻飾詞章，一如龍門對峙，日月雙懸，眞能巧奪天工，所以說麗辭爲中國語文所獨擅，自非漫言。

劉勰這篇討論麗辭的文章，共分三段：第一段就「辭之儷偶，本由天成」的道理，引述麗辭的源流。次段論麗辭的法式，同時標舉四對之目。第三段指出麗辭的疵病，最後並說明全篇的宗旨。以下謹就彥和之論，臚述於后。

一、麗辭的源流

追溯古代的文章，駢散可說同出一源，並未岐途。述事引證，有時對稱，有時偏舉，凝重與流美之間，全視文情的需要，迭用奇偶。黃季剛文心雕龍札記麗辭篇說：「意授於思，言授於意，騰諸脣胳者爲語，載諸篇簡者爲文。言有雅俗之殊，斯文有文質之異，或出之以儷詞，或述之以散舉，抒情各如其意，狀物逼肖其眞，方式不同，作用則一。文之代語，全出自然，初非造作，故一人之書，駢散兼有；一書之文，奇偶互見」，我們讀過古籍中奇偶相參、整散並運的文句，就知此言不虛了，可見文家之用俳語，純出自然，不爲人力所矯揉。

古人傳學，多憑耳口，爲了便於記憶，易於諷誦，因此在經典中，常用麗語。除了麗辭篇中所列舉的「罪疑惟輕，功疑惟重」和「序乾四德」、「龍虎類感」等實例外，我們還可以舉出許多其他的例證。茲將古籍中的儷語偶文依時代先後，各錄一例具列於左，除證明邃古時期駢散同源，同時更說明麗辭的形成，因于自然，不必廢，也不能廢。

尚書　流共工于幽州，放驩兜于崇山。（舜典）

　　　天命有德，五服五章哉。天討有罪，五刑五用哉。（皋陶謨）

毛詩　參差荇菜，左右流之，窈窕淑女，寤寐求之。（周南關雎）

　　　柔則茹之，剛則吐之。（大雅蒸民）

禮記　冬溫而夏清，昏定而晨省。（曲禮）

　　　燕朋逆其師，燕辟廢其學。（學記）

左傳　山有木，工則度之，賓有禮，主則擇之。（隱公十一年）

　　　天而既厭周德矣，吾其能與許爭乎？（同上）

孟子　一齊人傅之，眾楚人咻之。（滕文公篇）

　　　有終身之憂，無一朝之患。（離婁篇）

老子　琢琢如玉，落落如石。（第三十九章）

　　　飄風不崇朝，驟雨不終日。（第二十三章）

莊子　朝菌不知晦朔，蟪蛄不知春秋。（逍遙遊篇）

大言炎炎，小言詹詹。（齊物論篇）

墨子　比干之殪，其抗也；孟賁之殺，其勇也。（親士篇）

江河之水，非一水之源也；

千鎰之裘，非一狐之白也。（同上）

楚辭　騏驥伏匿而不見兮，鳳凰高飛而不下。（九辯）

惟草木之零落兮，恐美人之遲暮（離騷）

上面舉出的一些古籍，除詩經楚辭爲韻文外，其他都屬於散文體裁，論體證道，質直明暢，極盡散文之能事，但其間駢絲麗片，也隨手紛披，這是由於文氣使然，初非刻意經營，當然那時更談不到以麗辭作爲通行的文體了。

可是到了兩漢，辭賦興起，文學的體裁與格式，漸由單簡而臻於複雜，由樸茂而臻於風華，賈誼枚乘首開風氣，司馬相如揚雄又推波助瀾，辭尚排比，事貴鋪張，專以羅綺珠貝相誇耀，以濃裝盛飾爲華美，可說已經粗具駢文的體勢了。

麗辭的發揚蹈厲，衆采爭流，甚至形成駢文，那是魏晉以後的事了，麗辭篇說：「魏晉群才，析句彌密，聯字合趣，剖毫析釐」，是不錯的。當時，由於老莊思想的彌漫，帝王好尙的影響，文學概念的轉移等種種因素，以致文體又幡然一變，尙排偶，務藻釆，諧聲律，一時竟蔚爲風氣。至於作品中的藻釆麗句，偶意逸韻，更不是前朝作者所能比擬的了。因此，在當時大部份的議論文記敘文，以及抒情記事的詩，都用駢儷，甚至於描寫風景的作品，也用駢儷，那個時代，眞稱得上是一切韻文與散文的駢偶化的時代。這種文體，在魏晉六朝，光燄萬丈，直到唐代韓愈柳宗元出來提倡古文，才慢慢歇寂。

二、麗辭的法式

根據劉勰的說法，麗辭的法式，共有四種：即言對、事對、反對、正對。一般說來，屬對的區別，大約兩端，一是「體」，一是「用」。所謂「體」，是取虛字實字，雙聲疊韻，配辭作偶，說明裁對的基本方法，如上官儀的六對八對，文鏡祕府論記載的二十九對，但這些都是入門初階。至於用，則除了體製不脫於裁對的基本法式以外，並討論對意虛實反正的變化，比較起來，後者更進一解。麗辭篇標舉的四對，即屬於「用」的方面，爲了便於參看，試將四對表列於后：

類別	定　義	例　句
言對	雙比空辭	修容乎禮園，翺翔乎書圃
事對	並舉人驗	毛嬙鄣袂，不足程式；西施掩面，比之無色
反對	理殊趣合	鍾儀幽而楚奏，莊舄顯而越吟
正對	事異義同	漢祖想枌榆，光武思白水

劉勰雖標舉四對，細按則僅是言對事對的反正變化，反對正對實際是包括在言對事對之內的。不過，劉勰本謂言事二對，皆有反正，然篇中只舉事對反正的例子，且說：「又以事對，各有反正」，並沒有涉及言對，關於這點，劉永濟曾作補述，特迻錄於左，以備參鏡：

陸機演連珠曰：「萬邦凱樂，非說鐘鼓之娛；天下歸仁，非感玉帛之惠」。此言凱樂不因鐘鼓之娛，歸仁不待玉帛之惠者，以見感化流行之用，有賢於鐘鼓玉帛也，事異義同，言對之正也。又曰：「虛己應物，必究千變之容；挾情適事，不觀萬殊之妙」，此言中虛者明，懷塞則暗，理殊趣合，言對之反也。

四對之中，又有難易優劣的區別，麗辭篇說：「言對爲易，事對爲難，反對爲優，正對爲劣。」劉氏的看法，認爲言對只「偶辭胸臆」，所以容易。事對則須「徵人之學」，自然比較困難。正對是雙舉同物而表明一個意思，不免詞逕意重，所以爲劣。反對則並列異類以見一理，因此幽顯同志，語曲意豐，所以爲優。其實文境中開闔反正的工夫，全在作者，判別四對的優劣，不過是原則性的說法，我們設詞作偶，最好能隨宜遣筆，不必墨守町畦，心中先自存有絀正崇反的觀念，反而囿於一隅，難有施爲了。

唐朝律詩形成後，雖沒有明言四對，但屬對用意卻不能逾此範疇，例句俯拾可得，言對如：「孤城背嶺寒吹角，獨戍臨江夜泊船」，事對如：「伯仲之間見伊呂，指揮若定失蕭曹」，而「管樂有才原不忝，關張無命欲何如」，屬於反對之類，「武帝祠前雲欲散，仙人掌上雨初晴」，則屬於正對之類。

詩中配辭作偶，當然不是言對就是事對，這是一定的道理，不待贅言。至於反正變化，則大有講究。正對之句，在古大家詩中，佔十之七八，鋪陳故事，極情壯勢，也未必爲「劣」，如「吳宮花草埋幽徑，晉代衣冠成古邱」，「花迎劍佩星初落，柳拂旌旗露未乾」，「江山故宅空文藻，雲雨荒臺豈夢思」等，信手拈來，不勝枚舉，這裡不擬多談。反對的方法，理殊趣合，運用在詩中，虛實相生，陰陽迭見，斡旋變化，神明莫測，開後世無窮法門。可惜前賢詩話，論者不多，下面摘舉老杜詩句證明，可以略見端倪：

剛柔　江間波浪兼天湧，塞上風雲接地陰。

無邊落木蕭蕭下，不盡長江滾滾來。

晦明　野徑雲俱黑，江船火獨明。

遠水兼天淨，孤城隱霧深。

人我　我已無家尋弟妹，君今何處訪庭闈。

細大　一去紫臺連朔漠，獨留土塚向黃昏。

遮表　復有樓臺銜暮景，不勞鐘鼓報新晴。

幸不折來傷歲暮，若爲看去亂鄉愁。

今昔　露從今夜白，月是故鄉明。

上舉諸對，是大開大闔的手法，雖略異於麗辭篇中的「反對」，可是它的方法，的確是沿循「反對」之轍迹而加以演釋的。

三、麗辭的疵病

劉勰認爲言對「貴在精美」，事對「務在允當」，因此，在麗辭中，他提出「重出」與「不均」的疵病。

所謂重出，是指兩句用事犯重，即一般的合掌，如謝惠連詩：「雖好相如達，不同長卿慢」，劉越石詩：「宣尼悲獲麟，西符泣孔丘」，以一人一事，而勉強寫在兩對句中，這是傷格的。後來詩人也不免此病，即如蘇東坡的「兒童誦君實，走卒知司馬」，也有失檢之處。正格應爲：「效包胥之慟哭，慷慨登臺；賦宋玉之大招，旁皇生祭」（洪亮吉文），「揚意不逢，撫淩雲而自惜；鍾期既遇，奏流水以何慚」（王勃文），稽古徵事，都不犯重。

所謂「不均」，是指配事的優劣而言，優劣不均，如同「驥在左驂，駑爲右服」，要想騰驤千里，是不可能的，不過古人配事不均的實例不多，一時不易搜求，我們不妨舉配辭不均的詩例來說明，或能觸類旁通，如①「去棹如飛移岸走，有山無數渡江來」，②「頗疑風露花前立，最愛湖山雪後看」，①聯岸山江三實字，分隸兩句，上下不均。②聯以風露對湖山，固然是配偶，然而下句又著一「雪」字，與風露同類，句欠整飭，這都是不均的毛病。

除此以外，更要注意氣有奇類，文有異采，否則碌碌麗辭，只能昏睡讀者耳目而已。重出、不均，尚不過是形式上的疵病，氣類文采，才眞正是寫好麗辭的因素。

四、結論

我們既瞭解了駢驪之文，因于自然的道理，就不必再專崇儷對，也不必抑偶揚奇。劉勰麗辭篇有幾句話說得很清楚：「高下相宜，自然成對」，「豈營麗辭，率然對爾」，「句字或殊，偶意一也」，「奇偶適變，不勞經營」，「選用奇偶，節以雜佩」，在在說明文章對偶，依于天理，不必刻意去配白儷青。奇偶之用，應行乎其不得不行，止乎其不得不止，絲毫勉強不得，過份的拘滯一隅，絕不是爲文的正軌。我們必須有這種基本認識，才可以談麗辭。

唐詩概說

一、詩的黃金時代

唐朝是中國詩歌史上的黃金時代。從形式上看，舉凡古體近體、樂府歌行、齊言雜言，幾乎應有盡有，無體不備。從內容上看，唐詩題材之擴大，情趣之豐厚，風格之多樣，境界之高遠，甚至流派之紛歧，都呈現出波瀾壯闊、萬花撩亂的景觀。從數量上看，根據清代所編纂的全唐詩，已有詩人兩千三百餘家，錄詩共四萬八千九百餘首，這個記錄雖不完備，但已超越了過去一千多年詩史的總成績。可以說，唐詩就像故宮博物院，奇珍異寶，琳琅滿目；也像榮星花園，姹紫嫣紅，美不勝收。

前人討論唐詩的分期，向有「三唐」、「四唐」的說法，其實這種分期法本來很牽強，沒有什麼正確的理由做根據。不過爲了便於說明起見，我們仍沿用「四唐」的說法，將各期的起訖時間、重要作家及詩風，略述於后，一方面可以瞭解唐詩發展的梗概，另方面也可以一睹詩風嬗變的痕跡。

㈠繼往開來的初唐詩

初唐自高祖武德元年（西元六一八年）至玄宗先天末年（西元七一二年），凡九十五年。此期詩歌的趨勢，大抵可分爲兩類：

1.是齊梁宮體詩的遺衍。宮廷詩人如：虞世南、上官儀等，作詩好以綺錯婉媚爲本，努力追求辭藻與格律。沈佺期、宋之問是格律運動的完成者，但他們的詩仍帶有濃厚的齊梁富貴華麗的宮體氣息。

2.是反對綺靡的隱逸詩和復古詩。前者以王績、王梵志、寒山子爲代表，他們的作品通俗清新，不雜虛僞，全無宮體詩的綺羅香澤之態；後者以陳子昂爲代表，陳詩音調自然，風骨高古，一掃六朝華艷的詩風，是由初唐轉變到盛唐詩歌史上的里程碑。

㈡天才輩出的盛唐詩

盛唐自玄宗開元元年（西元七一三年）至肅宗寶應末年（西元七六二年），凡五十年。盛唐爲唐詩最興盛的時期。此期天才輩出，雄傑特起，他們憑藉豐富的生活經驗，飽滿熱烈的感情，精鍊純熟的語言技巧，鑄成了詩的黃金時代。

儘管盛唐詩的風格，多歧多變，但仍可看出兩條發展的主線：1.是描寫退隱生活田園山水的王（維）孟（浩然）詩派；2.是描寫邊塞風光戰爭生活的岑（參）高（適）詩派，而集大成者爲詩仙李白。李白是一位有熱情的浪漫詩人，他胸襟開闊，天才橫溢，長篇短製，無所不精。他的成就是繼屈原之後，在浪漫主義詩歌發展上，掀起新的高潮。

另外，盛唐的寫實詩也很值得重視，代表人物爲詩聖杜甫。杜甫的詩沈鬱頓挫，波瀾老成，他關心政治的得失，徭役的罪惡，社會的動亂，民間的疾苦，他爲他那個時代的風雨，寫下了有聲有淚的詩篇，引起異代強烈的共鳴。同時，杜詩除了有豐厚的內蘊、多變的面目外，創作技巧也極其高妙，中唐以後的大家，無不受其沾溉。

㈢風格多變的中唐詩

中唐自代宗廣德元年（西元七六三年）至敬宗寶曆二年（西元八二六年），凡六十四年。此期自然派詩人如：劉長卿、韋應物、柳宗元等，仍上承王孟山水田園詩的餘緒，繼續發揮。而一些新樂府詩人如：張籍、元稹、白居易等，在風格上則深受老杜影響，造成唐詩再一次的繁榮。張籍認爲文學應該描寫民生疾苦，最忌無病呻吟，他以樂府的體裁去開拓詩歌的生命，和杜甫一樣，他所取的社會題材非常廣泛，他甚至注意到婦女問題。至於元、白二家，則更明白地肯定詩的重要使命，是補察時政、洩導人情。他們特別強調詩的社會意義，主張

「文章合爲時而著，歌詩合爲事而作」，而他們的作品也的確實踐了自己的理論。

在這同時，另外有幾位詩人，如：韓愈、孟郊、賈島等，專以奇險怪僻的藝術風格相標榜，他們創作的態度，嚴肅而認眞，造句用字，務求立奇驚俗。尤其是韓愈，才大思雄，富於獨創，一掃庸俗浮淺之風，他以議論入詩和詩歌散文化的特點，對宋詩淸詩的影響很大。

(四)傾向唯美的晚唐詩

晚唐自文宗太和元年（西元八二七年）至哀帝天祐三年亡國（西元九〇六年），凡八十年。此期詩壇的主潮，是反對俚俗樸實的詩歌，而返乎六朝唯美主義的文學傾向，以典雅綺麗爲宗。代表詩人有杜牧、李商隱等。杜牧的詩雖也綺麗婉約，但卻時時流露出憂國愛民的情思，前人批評他的詩「豪而豔」，可謂精當之論。至於李商隱，堪稱晚唐詩壇的巨擘，他的詩設色穠麗，用意深刻，寫情婉摯，詠史精紮。尤其在抒情詩方面，有相當傑出的成就。

在晚唐唯美風的籠罩下，當時另有一批詩人，如：皮日休、陸龜蒙、杜荀鶴等，他們有些詩篇承繼了杜甫的人道主義精神，和白居易的新樂府傳統，爲晚唐的離亂，寫下一些眞實生活的記錄。就在這些苦難的嘯詠中，三百年的唐詩，也垂下了光榮的絨幕。

㈤來自民間的詩人

最後，附帶說明一點：唐詩之所以如此隆盛輝煌，自有種種相依相附的原因。其中除了君主的倡導、科舉的獎掖等政治因素外，相當重要的一點，恐怕是由於詩人地位的轉移。六朝的詩壇，幾乎爲貴族所占據，而初唐以後的詩人則大半出自民間，我們看全唐詩，甚至連漁樵尼姑、優伶歌妓都有作品，便知詩歌在唐朝已成爲一種最普遍的文學形式了。

同時，由於民間作者都有豐富的生活與現實社會的經驗，因此擴大了詩的境界，加強了詩的生命，深刻而廣泛地反映了人們的生活與感情，也因此促使詩歌在唐代輝煌的發展。劉大杰說：「從君主貴族掌握的詩壇，轉移到民間詩人手裡，是使唐詩發達的主因。」這話不是誇大。

二、詩體的流變

從詩的形式結構來看，唐詩的體製大約可區分爲五古、七古、五律、七律、五絕、七絕等六類，下面將對各種體式流變作一簡單介紹。（本節所述，多錄高步瀛唐宋詩舉要、顏崑陽唐詩新葉的說法，特此說明。）

五言古詩的源起，是文學史上爭論頗多的問題，傳統的說法有二：㈠是起於枚乘；㈡是起於李陵。但這些說法並不完全可信，後世文學史家已多論斷。大致說來，西漢時期並沒有成熟而完美的五言古詩，但不可否認的，樂府詩中已略備五言詩的模型，至於五言詩眞正形成，並脫離樂府，而成爲文人創作的固定體裁，那已是東漢的事了。如：蔡邕、班固、張衡等，皆有完整的五言詩篇，只是這些作品的藝術技巧多還未至上乘。論體製技巧皆臻完熟，數量亦達豐富，則時間應在建安時期了。其後詩家輩出，五言古詩遂遙接詩經四言詩之後，爲中國詩歌再放異彩。五言古詩的作者，建安以後，曹、阮雄渾沉鬱，陶潛沖澹高曠，大謝精深華妙，鮑照沉奧驚創，皆各有獨擅之處。到了唐朝，初唐猶沿梁、陳舊習，未能自振，陳子昂起而矯之，感遇之作，復見建安風骨。張九齡繼之，塗軌益闢。到了李白、杜甫，篇幅恢張，變化莫測，詩體爲之一變。韓愈盤空硬語，雄奇傲兀，得少陵之神而變其貌。至於王維、孟浩然、韋應物、柳宗元等人，風神遠出，超以象外，又別爲一派，這些詩人，都堪稱爲五言古詩的大家。

七言詩句式的醞釀，從文學史上的資料來看，發生得相當早，只是有意通遍皆使用七言句，並且形成一種詩歌的固定體式，則有待後世長期的醞釀，及文人的經營創作。粗略說來，東漢張衡的〈四愁〉詩（路遠莫致倚逍遙，何爲懷憂心煩勞），已具七言詩的型式，而曹丕〈燕歌行〉（秋風蕭瑟天氣涼，草木搖落露爲霜）一出，完整的七言古詩便正式在文學史上展現了。但當時五言詩正在盛行，所以這一新體詩並沒有普遍受到重視，必須等到唐詩興起，才將此一新興的詩體發揮盡致。唐初七古，大抵沿六朝餘習，以妍華整飭爲工，並沒有善用這種詩體翻騰變化的特長，直到李白、杜甫出現，開闔盡變，不主故常，如大海迴瀾，萬怪惶惑，而詩之門戶以廓，詩之運用益神。其間王維、李頎、岑參、高適等人，亦皆各擅勝場，自具面貌。盛唐以後，以韓愈爲大家，其才力足以與李杜相埒，雖然變化較少，但雄奇詼詭，實亦一代之雄。白居易平實鋪敘，與韓詩風格不同，而精神所到，也自有其不可磨滅的價值。

五言律詩最講究對偶。我國至漢世之後，對偶漸成文人自覺運用的形式。故漢魏六朝的詩中，對偶的句式，實在是隨處可見。六朝之時，漸漸興起一種「新體詩」。這種新體詩，主要的特色是篇幅短小，使用對偶。及至永明聲律論一出，標舉四聲八病之說，講求一句之中，前有浮聲（輕揚的平聲），後須切響（重濁的仄聲），五言律詩遂漸備雛型。謝莊侍宴蒜山、侍東耕二首，已略具五律的型式。再經謝脁、沈約、王融等人耕耘，這種新體詩便成爲梁、陳二代主要的詩體。其後，何遜、陰鏗、徐陵、庾信繼起，五律已漸臻成熟的階段了。初唐承齊梁餘風，在詩歌的形式上，更就「新體詩」力作發揮。上官儀倡「六對」「八對」之說，將律詩對偶的技巧加以歸納定名，使律詩的形式產生系統。其後，王勃、楊炯、盧照鄰、駱賓王大量創作，到了沈佺期、宋之問之時，律體詩便算完全成熟定型了。後起的大詩人，無非是在內涵、題材、字句章法技巧上再求擴充變化而已。有唐一代的五言律體，非常豐收。除上述諸家外，王維、孟浩然之華妙精微，李白之嫖姚曠逸，都能自闢蹊徑，啓迪後學。餘如：劉長卿、白居易、賈島、杜牧、李商隱等諸家，皆各標風格，美不勝收。而杜甫的五律，牢籠萬象，涵蓋古今，不管內容、題材、技巧，都層出不窮，開後世無限法門，又是此中之大成者。

七言詩的形成，本比五言詩慢。前面談到曹丕的〈燕歌行〉，完成了七言體。其後繼起創作者，不如五言詩那麼多。到六朝新體詩產生，將對仗、聲律的初步觀念運用到短篇的七言詩上，便逐漸形成七律的型式。如：庾信的〈烏夜啼〉詩，對偶已頗工整，只是平仄格律還不完全合乎唐律的形式罷了，可說已備七律的雛型。其他如：隋煬帝的〈江都宮樂歌〉，在平仄對偶上則又更進一步，已至七律即將完成的階段。初唐的近體詩主要還是放在五律上，初唐四傑、沈全期、宋之問諸輩所作七律並不多，好作品也少。因此，七律完全成熟比五律要慢了一些，須待盛唐諸家興起，然後才臻成熟。唐朝七律之大家，當推王維、劉長卿、杜甫、杜牧、李商隱、韓偓諸人。其中，王維意象超遠，詞語華妙，堪冠諸家，堂堂乎一代宗師。至於杜甫的七律，數量既多，又能縱橫變化，直欲涵蓋宇宙，包括古今，實非唐代所能限。有唐一代，能在其堂廡之下者，僅李商隱一人而已。

絕句來自漢魏六朝的小詩。漢朝樂府〈枯魚過河泣〉、〈高田種小麥〉、〈上留田行〉、〈猛虎行〉等，都是五言四句的形式。其後曹子建、陸機、郭璞等詩中，也出現過這種詩。及至六朝的吳歌、西曲更大多是五言四句的小詩。這種民歌影響到文人的創作，故謝靈運、鮑照、謝惠連都曾嘗試這些小詩。而永明詩人一起，王融、謝朓、沈約諸家繼作，這種新體小詩便臻成熟的階段。如：謝朓〈玉階怨〉：「夕殿下珠簾，流螢飛復息。長夜縫羅衣，思君此何極？」像這種小詩，已完全等於唐朝那些不太講求平仄，叶仄聲韻的「古體絕句」了。到唐朝，就僅是將這種小詩的平仄規格化，便形成唐代的近體五言絕句。唐世詩人，較擅五絕者，爲王維、李白、劉長卿、李商隱等人。

七絕也是由六朝七言小詩而來，但產生的時間較五言小詩爲晚。劉宋時，湯惠休的〈秋思引〉，便已相具七言絕句的雛型，唯平仄尚未成規格。到了梁武帝、梁簡文帝時，創作者漸多，技巧亦較進步，而這種七言小詩大部分都是樂府歌謠。唐代七絕即是將此種七言小詩的平仄加以格律化而形成的。前人詩話中說絕句就是截句，是截取律詩一半而成，這種說法實不正確。唐代七絕，多可入樂，王漁洋說：「唐三百年以絕句擅場，即唐三百年之樂府也。」王驥德也說：「唐人絕句，唐之曲也。」皆可謂知言。至於唐朝七絕能手，多自盛唐興起，其間以王維、王之渙、王昌齡、李白、李益、杜牧、李商隱最爲擅場。而杜甫七絕則在諸家之外，另闢蹊徑，不以空靈爲宗，而以拗健蹈實爲尙，是另一種變貌，卻開了宋人七絕的先河。

三、唐詩的格律

詩的體製，依照詩的形式，可分爲「古體詩」與「近體詩」兩大系統。所謂「古體詩」，在唐以前，只有其實而無其名，到了唐朝「近體詩」興起以後，才有這個對立的名稱。「古體詩」有兩個含義：㈠專指漢魏六朝的詩；㈡包括一切沒有固定格律的作品。所謂「近體詩」，是指唐代以後的律詩、排律和絕句。現列簡表如下

唐詩的格律簡表

- 古典詩歌
  - 古體詩
    - 四言
    - 五言（五古）
    - 七言（七古）
    - 雜言（長短句）
  - 近體詩
    - 律詩
      - 五言（五律）
      - 七言（七律）
    - 排律
      - 五言（五排）
      - 七言（七排）
    - 絕句
      - 五言（五絕）
      - 七言（七絕）

本節所討論唐詩的格律，因窘於篇幅，僅限於古體詩中的五古與七古，近體詩中的五七言律詩與五七言絕句，其餘的暫不論列。

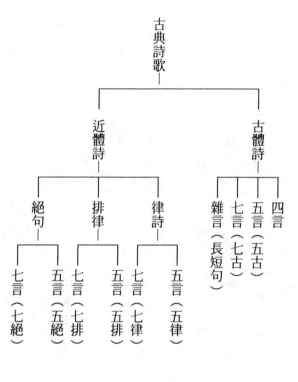

(一)古體詩的格律

古體詩的格律限制較少，但世俗一般以爲古體詩不講平仄，沒有固定的格律，因此，便可以隨便作，事實上卻不盡然。古體詩雖不像近體詩那樣有固定的平仄譜，但在聲調上，卻也有一些應該遵循的原則。清朝趙執信聲調前譜說：「五言古詩，在兩句一聯中，斷不得與律句相亂。」換句話說，五言古詩原則上不准出現合乎近體詩平仄格律的句子。退一步說，一聯兩句中，或者有一句能通融，卻斷不可一聯兩句都合乎律句。這樣看來，古體詩並非是完全不講究平仄的。

至於七言古詩，有不同的情況。七言古詩自中晚唐以後，單就聲調而論，衍出兩大宗派，其一以韓愈、歐陽修、王安石、蘇軾、陸游、元好問等爲一派；其一以白居易、元稹、吳梅村等爲一派。前者以終篇一韻爲主，直承西漢柏梁臺詩特有的聲調，爲學社之正宗。後者遠祧王維，近嗣元白，專以換韻爲能，對於古法不太遵守。

一般說來，中間轉韻的七古，不妨雜入律句，但通篇平韻一韻到底者，則斷不可雜以律句。關於終篇平韻的七古聲調，王漁洋在古詩平仄論中，曾作過扼要的說明：「七言古，自有平仄，若平韻到底者，斷不可雜以律句。」不雜律句的原因，想是這類詩體既然規撫柏梁，全屬西漢格調，因而唯有如此，才能雅得古勁之趣。但「不雜律句」，僅是協聲的基本原則，進一層，操觚者對句中音節的常與變，也須瞭然如指諸掌，因爲造成詩中聲調鏗鏘的消息全在此處。關於這點，王漁洋也曾提示三昧，他說：

1.出句第二字多用平，第五字多用仄。如第五字間有用平者，則第六字多仄。

2.落句第五字必平，第四字必仄。第四五字平仄既合，第二字可平可仄，然不如平之諧也。

3.出句第二字平，第五字仄，其餘四仄五仄亦諧。落句第五字平，第四字仄，上有三仄四仄，亦皆古句正式。

4.古大家亦有別律句者，然出句終以二平五仄爲憑，落句終以三平（第五、六、七字）爲式。間有雜律句者，行乎不得不行，究亦小疵也。

王氏是深入探討古詩平仄的第一人，他的創獲，自然是根據唐宋大家的詩篇歸納成法的，因此値得我們參考。

前人對於五七言古詩的聲調，原無詳述節簇，以資後學模則的專籍，自清朝王漁洋出，始歸納前賢詩例，撰《古詩平仄論》，鉤玄撮要，開示門人弟子，稍後趙執信續撰《談龍錄》及《聲調前後譜》，雖於漁洋偶有詆訶，實際上同出一源，再後翁方綱《小石帆亭著錄》，李瑛《詩法易簡錄》，董文渙《聲調四譜圖說》，黃庭詩《古詩平仄集說》和《五古平仄略》

等書，相繼行世，於是斯道益宏。近世王力著《漢語詩律學》，討論聲調問題，尤爲詳盡。以上這些書籍，都值得參讀。

(二)近體詩的格律

近體詩特別注重協調聲調，所謂協調聲調，主要就是平仄聲的調配，不但每一句要調配平仄，即句與句之間，也要規律地把平仄聲相互更替，以構成和諧的節奏。現在列近體詩平仄譜如下：（字旁平仄上加圈者，表示此處平仄不拘。）

1. 五言律詩

(1)仄起式

例：杜甫〈旅夜書懷〉

首聯——仄仄平平仄，平平仄仄平
細草微風岸，危檣獨夜舟。（韻）

頷聯——平平平仄仄，仄仄仄平平
星垂平野闊，月湧大江流。（韻）

腹聯——仄仄平平仄，平平仄仄平

名豈文章著，官因老病休。（韻）

末聯——平°平平仄仄，仄°仄仄平平

飄飄何所似，天地一沙鷗。（韻）

（說明：①五律頷腹兩聯必須對偶。②本式首句如押韻，應改爲仄仄仄平平（韻））

(2)平起式

例：王維〈山居秋暝〉

首聯——平°平平仄仄，仄°仄仄平平

空山新雨後，天氣晚來秋。（韻）

頷聯——仄°仄平平仄，平平仄仄平

明月松間照，清泉石上流。（韻）

腹聯——平°平平仄仄，仄°仄仄平平

竹喧歸浣女，蓮動下漁舟。（韻）

末聯——仄°仄平平仄，平平仄仄平

隨意春芳歇，王孫自可留。（韻）

（說明：①頷腹兩聯必須對偶；②本式首句如押韻，應改爲平平仄仄平（韻））

2. 七言律詩

(1)仄起式

首聯——仄。仄平平仄仄平，平。平仄。仄仄平平

水玉簪頭白角巾（韻），瑤琴寂歷拂輕塵（韻）

頷聯——平。平仄。仄平平仄，仄。仄平平仄仄平

濃陰似帳紅薇晚，細雨如煙碧草新（韻）

腹聯——仄。仄平。平平仄仄，平。平仄。仄仄平平

隔竹見籠疑有鶴，卷簾看畫靜無人（韻）

末聯——平。平仄。仄平平仄，仄。仄平平仄仄平

南窗自有忘機友，谷口徒稱鄭子眞（韻）

（說明：①七律頷腹兩聯必須對偶。②本式首句如不押韻，應改為仄仄平平平仄仄。）

(2)平起式

例：韓翃〈同題仙遊觀〉

首聯——平。平仄。仄仄平平，仄。仄平平仄仄平

仙臺初見五城樓，風物淒淒宿雨收（韻）

頷聯——仄。仄平。平平仄仄，平。平仄。仄仄平平

山色遙連秦樹晚，砧聲近報漢宮秋（韻）

腹聯——平。平仄。仄平平仄，仄。仄平平仄仄平

疏松影落空壇靜，細草春香小同幽（韻）

末聯——仄仄平。平平仄仄，平。平仄。仄仄平平

何用別尋方外法，人間亦自有丹邱（韻）

（說明：①頷腹兩聯必須對偶。②本式首句如不押韻，應改為平平仄仄平平仄）

3. 五言絕句

(1)仄起式

例：王之渙（登鸛雀樓）

仄。仄平平仄，平平仄仄平

白日依山盡，黃河入海流（韻）

平。平平仄仄，仄。仄仄平平

欲窮千里目，更上一層樓（韻）

（說明：本式首句如押韻，應改為仄仄仄平平（韻））

(2)平起式

例：李端〈聽箏〉

平。平平仄仄，仄。仄仄平平

鳴箏金粟柱，素手玉房前（韻）

仄。仄平平仄，平平仄仄平

欲得周郎顧，時時誤拂絃（韻）

（說明：本式首句如押韻，應改爲平平仄仄平（韻））

4.七言絕句

(1)仄起式

例：杜牧〈秋夕〉

仄。仄平平仄仄平，平。平仄。仄仄平平

銀燭秋光冷畫屏，輕羅小扇撲流螢（韻）

平。平仄仄平平仄，仄。仄平平仄仄平

天階夜色涼如水，臥看牽牛織女星（韻）

（說明：本式首句如不押韻，應改爲仄仄平平平仄仄）

⑵平起式

例：李白〈朝發白帝〉

平。平仄。仄仄平平，仄。仄平平仄仄平

朝辭白帝彩雲間，千里江陵一日還（韻）

仄。仄平。平平仄仄，平。平仄。仄仄平平

兩岸猿聲啼不住，輕舟已過萬重山（韻）

（說明：本式首句如不押韻，應改為平平仄仄平平仄）

最後，需要補充說明幾點：

㈠所謂平起仄起，其判斷方式是檢查首句的第二字，若為平聲則是平起，若為仄聲則是仄起。

㈡絕句每首四句，不必對偶。至於律詩的中間兩聯四句，則必兩兩相對。所謂對偶，包括一聯上、下兩句的句式，字詞的詞性（如：動詞必對動詞，名詞必對名詞等）。詞彙之中，數目字、顏色字、方位字、專有名詞（人名、地名）還特別講究，總而言之，若求工整，則儘量以同類的詞彙相對。當然，對仗講求工整，也不可為法所宥，而致刻板，所以，工整之中，還須講求自然。

㈢關於近體詩的平仄譜，前人有所謂「一三五不論，二四六分明」的口訣，嚴格說來，這是不正確的。另外，我們考核一下唐宋詩人的某些作品，發現其聲調的確有不完全合乎本節所述標準規格的地方，有時該用平而改用仄，有時該用仄而改用平，這種現象，即前人所謂的「拗救」。但我們必須瞭解，拗救是有法則的，拗救之法相當複雜，我們無法在此作詳盡說明，讀者如有興趣研究，可以參看王力所著的《漢語詩律學》。

不為王佐亦詞雄

——淺談辛棄疾的詞

宋朝南渡以後，我國淮水以北廣大的中原華北地區便歸金人所統轄。金國中原華北地區漢族老百姓的統治，一向採取奴役與高壓的手段，造成了極大的民怨，到了宋高宗紹興三十一年，也就是西元一一六一年，在這個地區生活的老百姓，歷盡煎熬，終於忍無可忍，便趁著金主完顏亮親自率軍南侵的時機，相互聚結，組織起義軍，當時有一位剛滿二十二歲的熱血青年，憑著他的豪氣與膽略，率先帶領他所聚合的兩千人，投效在山東地區起義軍領袖耿京的旗幟下，爲掌書記，從事救國活動。

就在這一年，完顏亮爲部下所殺，這名少年英雄便向耿京建議，要主動去與南宋朝廷聯繫，以便雙方聯合作戰，給予金國以致命的打擊。第二年，他即承耿京之命，奉表南歸，蒙宋高宗親自召見，完成了使淪陷區的義軍得與南宋朝廷相聯合的任務。不料就在他離開山東，奉表南下之後，義軍中的部將張安國，爲金人收買，竟把耿京陰謀殺害，並脅持部衆投降金人。當這位少年英雄從建康北返復命，回到海州的時候，聽到了此一事變的不幸消息，立刻組合五十名忠義軍人，直趨金營，當時張安國正在與金軍將士慶功酣飲，他乃率衆在亂軍中將張安國擒獲，連夜向南奔馳，急渡淮水，一路上渴不暇飲，飢不暇食，直趨南宋，獻張安國於朝。這種英雄行爲，在當時很受到社會各階層的景仰與稱讚。而這位少年英雄，正是宋朝著名的愛國詞人辛棄疾。

辛棄疾，字幼安，號稼軒。根據宋史辛棄疾傳，及鄧廣銘辛稼軒年譜的考證，辛棄疾生於宋高宗紹興十年，西元一一四〇年，也就是金熙宗天眷三年。他的出生地山東歷城，在當時已淪陷有十餘年之久，他自小目擊國破家亡的苦境，內心充滿忠君愛國的思想，所以忠義之心與事功之志，對於辛棄疾而言，實在可以說是自其少年時代便與他的生命一同成長起來的。

辛棄疾生性豪爽，文武雙全，平生以氣節自負，以功業自許。二十二歲那年，即率衆投隸耿京，起義抗金，壯聲英概，震驚朝野，這是他一生事業的開始。二十三歲投歸南宋，後三年向朝廷獻上著名的「美芹十論」。那時高宗已禪位孝宗，孝宗起用張浚，張浚主戰，但不幸在苻離打了敗仗，朝廷因而不敢言兵，於是和議再起。辛棄疾乃獻美芹十論，分析宋金和戰的形勢，主張宋朝必須爭取主動，不可讓和戰之權操在金人手裡，尤其不可因爲苻離之敗，而改變戰略大計。十論之中，前三論分析了金國外強中乾的情況，論證精警，可以豁人心胸；後七論陳述爭取主動形勢的具體方略，力斥「南北有定勢，吳楚不足以爭衡中原」的錯誤觀念。可惜朝廷顢頇，十論不行。

再過五年，抗金名將虞允文出任宰相，辛棄疾三十一歲，又獻九議。九議的內容，除包括了美芹十論的一些重要論點外，還強調三點：一、對金人的戰爭，應當「勿欲達」和「能任改」，不要因小勝小敗而輕易改變成算；二、應當儘可能利用金人的弱點，擴大其內部的矛盾；三、恢復中原是關係到國家和生民的大業，朝廷不應只著眼於私人利益而規避這一任務。可惜這些建議與謀略，並沒有得到朝廷的嘉許和重視。

十論九議雖成虛發，但辛棄疾的用世之心，卻始終沒有改變，譬如他三十三歲出知滁州時，就曾施行寬徵薄賦的政策，表現出在短短期間內便足以振衰除弊的治績。四十歲他出知潭州，創建飛虎軍，綏靖夷獠，肅清寇盜，行政治軍，俱有聲譽。都可以看出他是一個既肯認眞做事，又愛護老百姓的好官吏。辛棄疾在南渡以後四十多年的歲月中，雖曾幾次出仕地方首長，有所建樹，但也遭受過許多次的讒毀和擯斥，放廢於林泉之間，將近有二十年之久，他在鷓鴣天詞中說：「卻將萬字平戎策，換得東家種樹書」。表現了很深的悲慨。晚年朝廷雖想借用他的威望才名來鼓舞士氣，因而任命他爲樞密院都承旨，指導軍事，不幸，此時他已身染重疾，未及上任，就空抱著一腔愛國赤誠，賚志以歿了。

我們綜觀他的一生，向孝宗暢論南北形勢，以及治盜收京的奏疏，知道他有大政治家精闢的見解；我們看他擒張安國，創飛虎軍的種種事功，知道他有軍人勇武精神和敢作敢爲的魄力，再看他平日行事爲人，輕財仗義的精神，彷彿又是太史公游俠傳中的人物。他雖然沒有能夠實現收復中原的宏願壯志，但他的一生是忠於國家、忠於同胞的。同時，我們從辛棄疾的生平事蹟裡也可以瞭解到他在我國詞壇中的地位與成就，固然憑藉他縱橫奔肆的才情，但尤其與他高昂的愛國熱忱，忠義奮發的精神，有著密不可分的關係。（參看鄧廣銘〈稼軒詞編年箋注〉）

一

北宋詞經過秦少游、周邦彥以後，本來會順勢走上格律古典派一路，但因爲靖康之難，使這一文學潮流發生轉折，蘇軾詞豪放的風格又重新抬頭，在南宋上半期六、七十年間，一掃古典格律習氣，而形成詩人詞的極盛。徽、欽二帝的被俘，驚醒了北宋一百多年太平享樂的心理，都市繁華破滅了，國破家亡之痛，激發了一般愛國志士慷慨悲歌的情懷，而表現於文學方面的首先便是詞。這種詞風，自然是以發抒忠憤爲第一目標，也自然無暇顧及格律，只是眞情的流露與悲傷的發洩。這種作品一方面與音樂的關係日益疏離，一方面則有與散文詩歌融合的趨勢，加強了蘇軾詞的精神，打破了格律派的傳統，形成豪放詞風的大盛。此中作者有岳飛、張孝祥、辛棄疾、陸游、陳亮、劉過等，而以辛棄疾爲代表。

辛棄疾的詞現存六百二十六首，爲兩宋詞人中作品數量最多的一位。辛詞原有兩個刊本：一是四卷本，其總名爲稼軒詞，一是十二卷本，名曰稼軒長短句，而收輯最完整者，是近人鄧廣銘的稼軒詞編年箋註。由於辛棄疾生活經驗的豐富，創作力的旺盛，學問的廣博，天才的卓絕，在他那六百多首詞作中，包涵著豪邁深摯的感情，沉鬱雄麗的意境，縱橫奇肆的變化，它們好像詞林中的古柏，詩海中的神龍，藝苑中的奇葩，贏得後人一致的景仰與推崇。

早在南宋時代，辛棄疾的一位摯友劉宰，就曾對他的詞有過「馳騁百家，搜羅萬象」（見漫塘文集）的讚語，較辛棄疾時代稍晚的另一位南宋詞人劉克莊，對他的詞也曾有過「大聲鏜鞳，小聲鏗鍧，橫絕六合，掃空萬古，自有蒼生所未見，其穠纖綿密者，亦不在小晏秦郎之下」的稱譽。（見後村大全集）自此以後，對辛詞的稱美者，可謂代不乏人。如周濟說：「其才情富艷，思力果銳，南北兩朝，實無其匹」。（介存齋論詞雜著）；陳廷焯說：「辛稼軒，詞中龍也，氣魄極大，意境卻極沉鬱」。（白雨齋詞話）；況周頤說：「稼軒詞，其秀在骨，其厚在神」。（蕙風詞話）；王國維也說：「幼安之佳處，在有性情，有境界，即以氣象而論，亦有傍素波，干青雲之概」。（人間詞話）。以上所引，僅是一小部份的評論，不過從中也可以充分看出後世的詞評家們對這位大詞人傾倒的程度了。

二

不可否認的，辛詞第一個突出的特點，是他以深摯強烈的愛國情操，賦予他作品以不朽的生命力，構成辛詞的靈魂。像「袖裡珍奇光五色，他年要補天西北。」（滿江紅）：「漢中開漢業，問此地，是耶非？想劍指三秦，君王得意，一戰東歸」。（木蘭花慢）：「算平戎萬里，功名本是，眞儒事，君知否？」（水龍吟）；「落日樓頭，斷鴻聲裡，江南遊子。把吳鉤看了，欄干拍遍，無人會，登臨意」。（水龍吟）等詞句，使讀者千載以下，仍能被他強烈的愛國情操所感染。但是，如果純就藝術的特徵而言，辛詞風格的豐富多樣，恐怕更值得我們提出來說明。

辛棄疾有雄偉的氣魄，同時又有纏綿的感情，再加以卓絕的天賦與深厚的文學修養，因而造成了他在詞中所表現的豐富多樣的藝術風格。由於他筆下語言的豐富和自由驅遣的能力，適應不同的內容，表現出不同的風格。奔放的有如狂風吹浪；豪邁的有如峻嶺大川；明媚清新的有如芙蓉出水；自然閑淡的有如野鶴閒雲。他也偶寫艷情，偶歌風月，但絕無輕薄卑俗之語。近代學者鄧廣銘先生在「略論辛稼軒及其詞」一文中，曾說：「其題材之廣闊，體裁之多種多樣，用以抒情，用以詠物，用以鋪陳事實或講說道理，有的『委婉清麗』，有的『奮發激起』，有的『悲歌慷慨』，其豐富多彩也是兩宋其他詞人的作品所不能比擬的」。這些話，正說明了辛詞的藝術特質。

我們一談到辛棄疾的詞，便自然將它歸於豪放一派，不錯，辛棄疾的確是南宋豪詞派的總代表，這一流派本是由蘇軾開創的，但到了辛棄疾手裡，才空前的發揚光大起來。辛詞不但內容廣泛，而且形式自由，在他的筆下，無論弔古傷時，讀禪說理，議論政治，寄情山水，幾乎無所不寫。同時，在遣詞造句方面，也能不拘成法，他不僅大膽的打破了詩詞的界限，而且更進一步把詩詞文熔於一爐。因此，我們可以說，豪放，正是辛詞的一個主要的藝術特徵。

豪放是相對於婉約而說明的，我國最早用婉約與豪放這兩個名詞以分詞家宗派的，是宋朝的女詞人李清照。一般說來，婉約屬於陰柔的美；豪放屬於陽剛的美。婉約的詞比較含蓄委婉，供讀者思而得之；豪放的詞則顯得明白顯豁，使讀者當下了然。所謂婉約與豪放，只應該視爲作者抒寫情性時兩種不同的方法態度，原就沒有什麼價值高下的評斷，後人強分婉約豪放爲正宗別調，那是毫無意義的。

比較起來，豪放的詞藻多偏於疏淡，但是寫豪放疏淡的詞，偶一不慎，便容易流於輕滑淺率，或者叫囂粗獷。辛棄疾既爲豪放詞，他的不凡之處，在於他對於豪放這種風格，並沒有作簡單化的理解，仍然十分注重意境的設計，感情的變換和色彩的渲染，成功的使作品達到豪而不放縱，從而能收的境界。我們試看這樣一些句子：

「回首叫雲飛風起，不恨古人吾不見，恨古人不見吾狂耳」。（賀新郎）

「四十三年，望中猶記，烽火揚州路。可堪回首，佛貍祠下，一片神鴉社鼓。憑誰問，廉頗老矣，尚能飯否」。（永遇樂）

「凡我同盟鷗鷺，今日既盟之後，來往莫相猜」。（水調歌頭）

「易水蕭蕭西風冷，滿座衣冠似雪，正壯士悲歌未徹。啼鳥還知如許恨，料不啼清淚長啼血。誰共我，醉明月」。（賀新郎）

這些詞句，無一不是恣肆奔放，揮灑自如，俊健而不淪爲粗獷，率眞而不流於淺露，眞稱得上是一代作手。

辛詞雖以豪放爲其主要風格特徵，但決不是說他全部作品只有這樣一種風格，其實他的婉約詞也寫得相當好，如題爲「晚春」的「祝英台近」：「羅帳燈昏，哽咽夢中語：是他春帶愁來，春歸何處，卻不解帶將愁去。」被前人艷稱爲「昵狎溫柔，魂銷意盡」，深得秦觀、周邦彥的佳境。如題爲「落花」的「粉蝶兒」：「記前時，送春歸後，把春波，都釀作，一江醇酎。約清愁，楊柳岸邊相候。」寫得十分纏綿悱惻，穠纖細膩。再如他的「臨江仙」詞：「小樓春色裡，幽夢雨聲中」。也寫得婉雅芊麗，細緻綿密。正如我們前面提到的，辛詞的風格是豐富而多樣的。

另外，辛棄疾除了能寫婉約的作品外，他還善於運用淺俗的語言抒寫對農村生活的一份親切質樸的感情，或者借助俗語俚句的遊戲性質表現一份適度的幽默，這也是他另一種值得注意的藝術特色。前者如題爲「夜行黃沙道中」的「西江月」詞：

明月別枝驚鵲，清風半夜鳴蟬。稻花香裡說豐年，聽取蛙聲一片。　七八箇星天外，兩三點雨山前。舊時茆店社林邊，路轉溪橋忽見。

又如題爲「村居」的「清平樂」詞：

茅檐低小，溪上青青草，醉裡吳音相媚好，白髮誰家翁媼？　大兒鋤豆溪東，中兒正織雞籠。最喜小兒無賴，溪頭臥剝蓮蓬。

這首作品用淺俗的語言，描寫鄉居生活，田園風光，表現了恬靜清新的風格。

又如他題爲「遣興」的「西江月」一詞，下片說：

昨夜松邊醉倒，問松：「我醉如何」？只疑松動要來扶，以手推松曰：「去」！

又如題爲「檢校山園書所見」的「清平樂」一詞，下片說：

西風梨棗山園，兒童偷把長竿。莫遣旁人驚去，老夫靜處閒看。

在這些幽默的詞句裡，有時候是在表現他靜觀自得的閑趣，但有時候卻也寄寓了他自己的一份嘲諷和悲慨。

前面談到，豪放是辛棄疾詞主要的風格特徵，但南宋以長調寫豪放詞的作家很多，比辛棄疾較早的有岳飛、張孝祥。與他同時的有陸游、陳亮、劉過，比他後期的有劉克莊。這些作家與辛棄疾一樣，同樣懷抱恢復之心，同樣具有用世之志，他們的詞，也都同樣表現得悲憤激烈，可是在後世看來，他們的作品終究不如辛棄疾的詞作境界高，意味美，這是什麼原因呢？

原來辛棄疾雖以其卓絕的天才，突破了詞的內容意境的傳統與寫作藝術的傳統，可是就其詞的本質而言，卻又同時保有了詞的曲折含蘊的一種特美，因此他詞雖然極爲豪放，卻絕無淺率質直的毛病。換句話說，辛棄疾的詞，不僅豪放而已，而是在豪放之中又能沉咽蘊藉，空靈纏綿，因得此調劑，所以豪放之情乃不失於粗獷，而詞體要眇淒迷之特美，仍可以保持。這種活用兩端，使之相反而又相成的造詣，既是辛詞最值得注意的特色，也是辛詞最可貴的成就。

其實，如果我們肯作更全面的觀察，辛詞這種相反而又相成的佳處，還不僅是能以雄奇豪放之詞而同時保有曲折含蘊之美而已。從另一個角度看，他某些特具婉約之致的作品，也往往能以潛氣內轉，寓剛於柔的手法營造意境。總括來說，辛棄疾的詞，有時斂剛爲柔，有時寓柔於剛，既不僅是豪壯奔放，也不限於沉咽蘊藉，而是糅合這兩類風格所獨創的一種境界。他題爲「淳熙己亥，自湖北漕移湖南，同官王正之置酒小山亭，爲賦」的「摸魚兒」一詞，是他集中造境最美一首，通篇姿態飛動，充滿忠愛之情，又極沉鬱頓挫之致，最能表現上述詞境。我們試看這首詞：

更能消幾番風雨，匆匆春又歸去。惜春長怕花開早，何況落紅無數。春且住，見說道，天涯芳草無歸路。怨春不語。算只有殷勤，畫簷蛛網，盡日惹飛絮。　長門事，準擬佳期又誤。蛾眉曾有人妒，千金縱買相如賦，脈脈此情誰訴？君莫舞，君不見，玉環飛燕皆塵土。閒愁最苦，休去倚危欄，斜陽正在，煙柳斷腸處。

詞的上片，辛棄疾運用比興手法，通過對小山亭晚春景物的惋惜，流露出一片抑鬱哀怨的心情。詞中所呈現的殘春意象，幾可視作南宋的象徵。

開始兩句，作者暗示了國事的艱難，以及整個國家命運的黯澹。「惜春」兩句，申說不希望春歸的深情，然而眼前「落紅無數」的景致，終於繪出了「春又歸去」的具體形象，對一個平常便一直憂慮春歸的人來說，這是何等殘酷的事實。

「春且住」的一喝，不但呈現了更深一層的惜春之情，同時也可視作對南宋朝廷的呼籲。辛棄疾曾經先後向朝廷奏陳美芹十論與九議，分析宋金雙方的和戰前途，可惜都沒有挽回他所預期的反應。「春」之「不語」，正表示了呼籲的落空，這是作者愁怨的根源。儘管如此，但大自然中，多情的蛛網，仍然不計棉薄之力，整天殷勤沾惹紛飛的柳絮，像是想把殘餘的春色給網住似的。然而蛛網何其渺小，乾坤春色又何其浩蕩，蛛網留春的效果，早已不問可知。而作者的挽春心態，不正與此一樣的可憫麼？

詞的下片以貼切的典故，吞吐的筆法，抒寫心情。

「長門事」用漢武帝和陳皇后的故事。作者借用這個故事比喻自己的遭遇：正因爲他志大才高，不爲權宦所容，所以說「蛾眉曾有人妒」；正因爲朝政昏庸，不恤忠臣，所以說「脈脈此情誰訴」；正因爲朝廷這次沒有重用他，所以說「準擬佳期又誤」。表情可謂怨到極處。「君莫舞」三句，暗示長袖善舞，得意忘形者，最後莫不下場淒涼。這裡是針對當朝諂媚苟安的小人提出警告。

最後，作者總結上述遭妒之情與殘春之景所引發的精神上的苦惱，而說出了「閑愁最苦」。最後三句，以景寓情，也是承「閑愁」而言，作者運用因象悟意的技巧，暗示了時代的黃昏。不過值得一提的是：儘管「休去倚危欄」的態度顯得消極，「斜陽煙柳」的感慨顯得沉痛，但「斷腸」一辭，又烘托出作者憂君愛國的一片赤忱，如與他上片挽春的心態合看，可知他無限牢愁，實本忠愛之心而發。因此這首詞文字背後所深蘊的忠愛情操，是可敬可感的。（詞的賞析部份錄自拙著〈鷗波詩話〉）

三

總的說，辛棄疾是南宋最傑出愛國詞人，他要求恢復中原的意志和願望並沒有改變，但是他一生卻處在不得意的坎坷環境裡，事與願違，因此一腔忠憤，都借詞來傾吐。也因此在他的詞裡反映強烈深沉的愛國感情，交織著意氣風發而沉鬱悲涼的複雜情緒。

辛棄疾稱得上是一位全能的詞人，他繼承蘇軾的觀點解放詞體的藝術形式，衝破詞體的格律，顯出自由放任的精神，又好以詩文爲詞，用筆都如行雲流水得心應手，自然流瀉，各盡其妙，因而使詞體能概括更豐富的意境，風格也更多彩多姿，在他的筆下，無論豪放婉約，無論長調小令，他都能得到特出的成就，不愧爲一代詞宗。

辛棄疾一生有用世之志，可惜懷才不遇，蹉跎終老，然而他的作品在兩宋詞壇，卻如長虹貫日，大放異采，這不能不說是上天對他的一種報償吧！（全文爲電視劇底本）

拗字詩在老杜集七言律詩中，謂之吳體，老杜七言律一百五十九首，而此體凡十九出，不止句中拗一字，往往神出鬼沒，雖拗字甚多，而骨格愈峻峭。今江湖學詩者，喜許渾詩：「水聲東去市朝變，山勢北來宮殿高。」「湘潭雲盡暮山出，巴蜀雪消春水來。」以爲丁卯句法，殊不知始於老杜，如「負鹽出井此溪女，打鼓發船何郡郎。」「寵光蕙葉與多碧，點注桃花舒小紅。」之類是也。如趙嘏「殘星幾點雁橫塞，長笛一聲人倚樓」，亦是也，唐詩多此類。獨老杜吳體之所謂拗，則才小者不能爲之矣。五言律亦有拗者，止爲語句要渾成，氣勢要頓挫，則換易一兩字平仄無害也，但不如七言吳體全拗爾。（方回．瀛奎律髓）

拗法有三種：拗與救發生在同一句者，稱爲單拗，如蘇東坡詩：「僧臥一庵初白頭」等是；拗與救發生在上下兩句者，稱爲雙拗，如杜少陵詩：「映階碧草自春色，隔葉黃鸝空好音」等是；句中不止拗一字，或全不入律者，稱爲吳體，如黃山谷詩：「落星開士深結屋，龍閣老翁來賦詩。小雨藏山客坐久，長江接天帆到遲。燕寢清香與世隔，畫圖絕妙無人知。蜂房各自開戶牖，處處煮茶藤一枝」等是。方虛谷認爲杜甫的吳體有十九首，實則有些小謬誤，根據統計，杜甫的吳體只有十八首。

方虛谷又說：「五言律亦有拗者」，這話不錯。如賈島詩：「掃床移臥衣」，掃字當平而仄拗，移字當仄而平救，這是單拗；杜甫詩：「枕簟入林僻，茶瓜留客遲，」此聯上句入字應平而仄拗，下句留字應仄而平救，這是雙拗。至於他說「語句要渾成，氣勢要頓挫」，則不免概念籠統，神乎其辭。其實只要彼此關係位置不錯，換易一兩個字的平仄聲，就可以了。

> 周百　詩體，分四實四虛，前後虛實之異。夫詩止此四體耶？然有大手筆焉，變化不同，用一句說景，用一句說情，或先後，或不測，此一聯既然矣，則彼一聯如何處置？今選於左，併取乎用字虛實輕重，外若不等，而意脈體格實佳，與變例之一二書之。（方回．瀛奎律髓）

實是具象的，虛是抽象的。四實，是指律詩的中間四句全寫景物，如李白訪戴天山道士不遇詩的頷腹兩聯：「樹深時見鹿，溪午不聞鐘。野竹分青靄，飛泉掛碧峰」是。

四虛，是指律詩的中間四句全寫情感，如陳後山寄張文潛舍人詩的頷腹兩聯：「名高三俊上，官立右螭傍。車笠吾何恨，飛騰子莫量」是。前後虛實，是指律詩中的頷腹兩聯，一聯寫景，一聯寫情，反之亦是。如杜甫登岳陽樓詩的二三聯：「吳楚東南坼，乾坤日夜深。親朋無一字，老病有孤舟。」然而律詩豈僅只有這四體的變化？當然不是，方虛谷說得好：「用一句說景，用一句說情」，這也是變化之一，如賈浪仙詩：「身世豈能遂，蘭花又已開。」此聯情景迭用，妙不可測，下句突如其來，讓人不知如何接出。文中「此一聯既然矣，則彼一聯如何處置」兩句，紀曉嵐批曰：「此二句上下文俱無著，殊欠通順，可以刪卻。」是不錯的。方氏又說：「併取乎用字虛實輕重」。蘇東坡送春詩：「酒闌病客惟思睡，蜜熟黃蜂亦嬾飛。」杜少陵屏跡詩：「桑麻深雨露，燕雀半生成。」前者以實對虛，後者以輕對重，都值得我們取法。

世之文士無人不作詩，無詩不七律，誠有如林子羽所譏者。不知詩之諸體，七律最爲難，尚在七言古詩之上，何則？七古以才氣爲主，而馳驟疾徐，短長高下，任我之意以爲起訖。七律束於八句之中，以短篇而須具縱橫奇恣、開闔陰陽之勢，而又必起結轉折、章法規矩井然，所以爲難，古人至配之書中小楷，古今止七家

能工，於此可知非易也。（方東樹．昭昧詹言）

前人說過，作七言律詩，如同挽七札強弓，古往今來能夠拉之至滿者，可說代不數人，人不數首。方東樹說得不錯，比起古詩，七律應是薄物小篇，但它既須具備縱橫奇恣、開合陰陽之勢，又須具備起結轉折、章法跌宕之妙，因此很困難。不過，他說七古以才氣爲主，這話恐怕値得商榷。七古有時夾議夾敘，最重識見，光憑才氣是不夠的。方氏所謂七家，是指除了杜少陵、王摩詰以外，在唐朝有李義山，在宋朝有黃山谷、陸放翁，在明朝有李空同、李于鱗、陳牧子、錢牧齋，屈指算來，一共是七人。這七家的七律，矜嚴端莊，足供後人效法。不過，這是方氏個人的看法，可以參鏡而已。

姑蘇楓橋寺，唐張繼留詩曰：「月落烏啼霜滿天，江楓漁火對愁眠。姑蘇城外寒山寺，夜半鐘聲到客船。」六一居士詩話謂「句則佳矣，奈半夜非鳴鐘時。」然余昔官姑蘇，每三鼓盡四鼓初，即諸寺鐘皆鳴，想自唐時已然也。後覩于鵠詩云：「定知別後家中伴，遙聽維山半夜鐘。」白樂天云：「新秋松影下，半夜鐘聲後。」溫庭筠云：「悠然旅榜頻回首，無復松窗半夜鐘。」則前人言之，不獨張繼也。又皇甫冉秋夜宿嚴維宅云：「昔聞開元寺，門向會稽峰。君往東湖下，清風繼舊蹤。

秋深臨水月，夜半隔山鐘。」陳羽梓州與溫商夜別亦曰：「隔水悠悠午夜鐘。」

然則豈詩人承襲用此語耶？抑他處亦如姑蘇半夜鳴鐘耶？（陳嚴肖．庚溪詩話）

庚溪詩話的作者爲宋人陳嚴肖，仕至兵部侍郎。是書分上下兩卷，上卷首錄宋代帝王的詩，次錄歷代帝王的詩，再次討論杜詩與蘇詩；下卷雜論宋人詩，也偶爾涉及詞，惟著重在記述本事。其專論詩學者，殊不多見。

清一統志曰：「寒山寺在吳縣西十里楓橋。」歐陽修非議夜半鐘的原文是：「詩人貪好句而理有不通，亦語病也。唐人有云：姑蘇臺下寒山寺，夜半鐘聲到客船。說者亦云：句則佳矣，其如三更不是打鐘時？」關於這個問題，石林詩話、唐詩紀事、學林及苕溪漁隱叢話等書，辨之甚詳，不待贅言。夜半鐘一辭，除了上舉諸詩外，尚可補充數例：司空文明詩：「杳杳疏鐘發，中宵獨聽時。」王建宮詞：「未臥嘗聞半夜鐘。」許渾詩：「月照千山半夜鐘。」

望江南，樂府雜錄云：「李衛公爲亡妓謝秋娘撰。」望江南亦名夢江南，樂天作憶江南三首，第一江南好，第二第三江南憶，自注云：「此曲亦名謝秋娘，每首五句。」予考此曲，自唐至今，皆南呂宮，字句同，止是今曲兩段，蓋近世曲子無單遍者，然衛公爲謝秋娘作曲已兩名，樂天又名以憶江南，又名以謝秋娘，近世又取樂天首句名以江南好，予嘗歎世間有改易錯亂，誤人者是也。（王灼．碧雞漫志）

李衛公即李德裕，唐贊皇人，武宗時，由淮南節度使入相，當國六年，弭平藩鎭之禍，威權獨重，封衛國公。

按望江南詞相傳是李德裕爲亡妓謝秋娘所作，因此又名謝秋娘。樂府雜錄有很詳細的說明，碧雞漫志加以引用。白居易的詞有江南憶的句子，故名曰憶江南。此調又名夢江南，恐怕是因爲晚唐皇甫松詞「閑夢江南梅熟日」句而有此說。毛先舒塡詞名解說：「古樂府有江南弄，中分龍笛採蓮趙瑟秦箏等曲，梁武帝、陳後主、沈約、吳均諸人咸有其作。樂府云：「江南弄三洲和云：陽春路，娉婷出綺羅。此正與塡詞起句同法，然則望江南詞蓋的昉於此」。此論本調的初源，可備一說。至於盛唐的望江南調，則有天寶十三年崔懷寶贈薛瓊瓊一首，詞是這樣寫的：「平生無所願，願作樂中箏。得近玉人纖手子，呀羅裙上放嬌聲。便死亦爲榮。」這首詞的首句較後來諸作多了「無所」兩個襯字，全首實係望江南調，那麼此詞與教坊記曲名中的望江南，或者應該相吻合。任二北敦煌曲初探考之甚詳，如果聽信任說，則此調在開元、天寶年間已有，而樂府雜錄說始自李德裕，恐怕有錯誤。再者，敦煌寫卷記載望江南詞，凡雙調四首，單片四首，任二北說：「詳玩此雙疊四首之內容，爲後唐後晉時，敦煌四圍之軍將，背蕃歸漢，用以輸誠者。」是其詞在五代，已經習用雙疊，顯爲事實。

望江南一作憶江南，其他異名還很多，如謝秋娘、春去也、夢江南、望江梅、夢江口、安陽好、仙遊、引虛聲、江南柳、壺山好、望蓬萊、歸塞北等，不勝枚舉，難怪王氏要說「予嘗嘆世間有改易錯亂，誤人者是也」。

王灼碧雞漫志云：「此曲自唐至今，皆南呂宮（林鐘宮）。敦煌詞掇注平調（即正平調），金奩集所載溫庭筠及宋張子野詞入南呂宮，周邦彥片玉集及張孝祥于湖長短句並入大石調（黃鐘商），詞譜引太平樂府，也注大石調。

所謂沈鬱者，意在筆先，神餘言外，寫怨夫思婦之懷，寓孽子孤臣之感，凡交情之冷淡，身世之飄零，皆可於一草一木發之，而發之又必若隱若見，欲露不露，反覆纏綿，終不許一語道破，匪獨體格之高，亦見性情之厚。（陳廷焯・白雨齋詞話）

沉鬱一詞，本是用以形容杜詩的風格，此處卻拿來討論詞的境界。

所謂沉鬱，大抵是指詞意的深沉蘊積而言。不過，沉鬱之情的外現，應該先經過多種情感的糾結，相當時間的醞釀，然後再像春蠶抽絲般抽引出來。因此，沉鬱固與作者離亂的客觀環境，以及其憂憤深廣的情感有關。但更重要的，卻仍在作者能將深心的感情，以含蓄迴盪的手法來處理，以呈現出作品沉鬱的風格。

毋庸諱言，沉鬱固然與藝術的含蓄有關，但畢竟不等於含蓄。含蓄的情感，雖是委婉以出，卻不夠沉厚。沉鬱之情厚實，好像沒說出，卻又說出了一半，正如同陳氏說的那樣：「發之又必若隱若現，欲露不露，反覆纏綿，終不許一語道破。」辛稼軒摸魚兒詞，抒情淒然欲絕，多讀可悟沉鬱之旨。

有通儒之學，有俗儒之學。學者，將以明體適用也。綜貫百家，上下千載，詳考其得失之故，而斷之于心，筆之于書，朝章、國典、民風、土俗，元元本本，無不洞悉，其術足以匡時，其言足以救世，是謂通儒之學。若夫雕琢辭章，綴輯故實，或高談而不根，或勦說而無當，淺深不同，同爲俗學而已矣。（潘耒．日知錄序）

這段文字，選自日知錄。日知錄爲顧炎武所撰，潘耒是他的弟子，炎武死後，潘耒在閩中，以買山錢，鋟板裒集，並作了這篇序。

潘耒分天下之儒爲兩類：一是通儒；一是俗儒。凡淹貫百家，通曉今古，朝章國典、民風土俗，原始根本，無不瞭解，其術足以匡求時勢的艱危，其言足以拯救世道的衰弊，這種人稱爲通儒；至於雕琢辭章，聯綴收集掌故，或高談闊論而無根據，或襲人言論又不恰當，這種人稱爲俗儒。

如果根據潘耒論人的標準，放眼現今學術界，當得起通儒的人，可說少之又少，這些人再苦學幾年，可望入俗儒之列。

> 接上言張氏相見因而相留也。晚興映前斜日句，霽潭二句見世外之人與物共榮也。杜酒雖薄，可以相勸，果園樹後，不俟外求，隱居之樂如此。前村山路如前章澗道冰雪，可謂險矣，歸且醉矣，然且盡樽前，不必豫計也。（吳見思．杜詩論文）

這段文字的第一句，是指杜詩題張氏隱居的第一首：「春山無伴獨相求，伐木丁丁山更幽。澗道餘寒歷冰雪，石門斜日到林丘。不貪夜識金銀氣，遠害朝看麋鹿游。乘興杳然迷出處，對君疑是泛虛舟。」其他部份則是旨在說明第二首：「之子時相見，邀人晚興留。霽潭鱣潑潑，春草鹿呦呦。杜酒偏勞勸，張梨不外求。前村山路險，歸醉每無愁。」不過，這裡對吳氏的賞析，還要略作補充：首聯說明作意；三四兩句，用經不腐；五六兩句，使事靈活，杜酒切子美姓氏，張梨切主人姓氏，妙到毫巔，末聯似是取莊子「醉者之墜車，得全於酒」的涵意，而吳氏所謂「且盡樽前，不必豫計」，可說是更進一解。

謝公與人圍棋，俄而謝玄淮上信至。看書竟，默然無言，徐向局。客問淮上利害？答曰：「小兒輩大破賊。」意色舉止，不異於常。（劉義慶．世說新語）

續晉陽秋曰：「初，苻堅南寇，京師大震。謝安無懼色，方命駕出墅，與兄子玄圍棋。夜還乃處分，少日皆辦。破賊又無喜容。其高量如此。」晉書謝安傳曰：「苻堅強盛，率衆號百萬，次于淮、肥。京師震恐，封安征討大都督。玄入問計，安夷然無懼色，答曰：『已別有旨。』既而寂然。玄不敢復言，乃令玄重請。安遂命駕出山墅，親朋畢集。方與玄圍棋賭別墅，安常棋劣於玄，是日玄懼，便爲敵手，而又不勝。安顧謂其甥羊曇曰：『以墅乞汝。』安遂游步，至夜乃還。指授將帥，各當其任。玄等既破堅，有驛書至，安方對客圍棋。看書既竟，便攝放牀上，了無喜色，棋如故。客問之徐答云：『小兒輩遂已破賊。』既罷還內，過戶限，心喜甚，不覺屐齒之折。其矯情鎭物如此。」兩說所言與世說略同而加詳，可以參酌。

七言首句十九入韵，句末用仄只有三句，配以三聲適足無餘，而並首句則爲四聲全備矣。故並用之法，尤視五言爲嚴，必無一聲兩用者，其偶然不具而重用，則亦三七隔用，斷無五句之末，與上下或同者，此尤不可不知，然亦僅耳！至中唐而後乃漸不論矣。（董文渙·聲調四譜圖說）

七言律詩的單句末字，在初盛唐多四聲遞用，如李頎題濬公池詩：「遠公遁跡廬山岑，開士幽居祇樹林。片石孤雲窺色相，清池皓月照禪心。指揮如意天花落，坐臥閒房春草深。此外俗塵都不染，惟餘元度得相尋。」其中單句末字岑、相、落、染，分別爲平、去、入、上，這便是四聲遞用。如果偶然不具而重用，最好是「三七隔用」（董文渙語），即上去入三聲，隔別用之，不要疊出，如王維積雨輞川莊作：「積雨空林煙火遲，蒸藜炊黍餉東菑。漠漠水田飛白鷺，陰陰夏木囀黃鸝。山中習靜觀朝槿，松下清齋折露葵。野老與人爭席罷，海鷗何事更相疑。」第三七句末字鷺（遇韵）、罷（禡韵），均爲去聲，而第五句末字槿（吻韵），則爲上聲，沒有疊出。此法到中晚唐以後，便不太講究了。

問者曰：「申不害公孫鞅此二家之言，孰急於國？」應之曰：「是不可程也。人不食十日，則死；大寒之隆，不衣亦死；謂之衣食熟急於人？則是不可一無也，皆養生之具也。今申不害言術，而公孫鞅爲法。術者，因任而授官，循名而責實，操殺生之柄，課群臣之能者也：此人主之所執也。法者，憲令著於官府，賞罰必於民心，賞存乎愼法，而罰加乎姦令者也：此人臣之所師也。君無術則弊於上，臣無法則亂於下，此不可一無，皆帝王之具也。」（韓非子．定法）

關於術與法，韓非子詮釋得很清楚，他說：術就是就他所堪的能事，授與相當的官祿；依他所居的名位，考求應盡的職守。持有生殺的大權，督責群臣的職能。這是帝王所當守以制斷的。法就是法令明定於官府，賞罰觀念深植於民心，獎賞施於謹守法律的人，刑罰加於犯亂政令的人。這是臣子所當奉爲師教的。然而，徒術而無法，固然不行；徒法而無術，也不行。必須兩者交具，始奏全功。

韓非爲荀卿的門人，後演而爲法家。法家的要旨，在信賞必罰，崇法而務實。司馬談說：「法家不別親疏，不殊貴賤，一斷於法，則親親尊尊之恩惠絕矣。可以行一時之計，而不可長用也。故曰『嚴而少恩』。若尊主卑臣，明職份不得相踰越，雖百家不能改也。」所謂「不別親疏，不殊貴賤，一斷於法」，正是西方的法治精神，如果能徹底的去做，便不足以爲法家的疵點，只可惜他們主張「尊主卑臣」，其法似乎僅僅是爲了臣民而設的。

東坡之詞曠；稼軒之詞豪。（王國維・人間詞話）

這是從襟抱的角度來討論蘇軾與辛棄疾的詞風。王國維各以一個字來概括蘇辛二家詞的風格，犓略來說，曠是曠達；豪是豪邁。蘇詞喜歡由窄處往寬處想，辛詞喜歡由寬處往窄處想。由窄往寬，還可聯想到曠達，由寬往窄，卻怎麼也聯想不到豪邁，這究竟是什麼緣故？原來稼軒凡事往牛角尖鑽，卻又特立獨行，雖遇橫逆，卻又擔得起，因此豪邁。此說先師鄭因百的景午叢編曾經詳細論列，可以參鏡。下面特別迻錄兩首詞作，用以證明王說非誑。蘇詞滿庭芳：「歸去來兮，吾歸何處？萬里家在岷峨。百年強半，來日已無多！坐見黃州再閏，兒童盡楚語吳歌。山中友，雞豚社酒，相勸老東坡。云何！當此去，人生底事，來往如梭。待閑看秋風，洛水清波。好在堂前細柳，應念我、莫剪柔柯。仍傳語：江南父老，時與曬漁衰。」辛詞水調歌頭：「落日塞塵起，胡騎獵清秋。漢家組練十萬，列艦聳層樓。誰道投鞭飛渡，憶惜鳴髇血污，風雨佛狸愁。季子正年少，匹馬黑貂裘。今老矣，搔白首，過揚州。倦游欲去江上，手種橘千頭。二客東南名勝，萬卷詩書事業，嘗試與君謀。莫射南山虎，直覓富民侯。」

海藏詩派，後進奉者甚多。故人李次玉之子拔可，曾爲海藏掌書記，居漢口，旬日必過江至余寓中，嘗有二小詩云：「石遺小隱藤爲屋，光閟幽棲竹滿庭。準擬過江尋一憩，午涼容我作詩醒。」「不知魚鳥歸何處，卻與蚊蠅共一區。眼底了無芳草色，那能長日閉門書。」蓋最早爲海藏詩派者。余謂小隱當小住，幽棲當改新居，以余與太夷在武昌，不得爲隱爲幽棲也。又有寄余詩甚佳，只記得「陶江歸去日，霜橋不論錢」十字。（陳衍．石遺室詩話）

海藏即鄭孝胥，同光詩派巨擘，與陳散原齊名。李拔可，名宣龔，號觀槿，福建閩縣人，清朝光緒甲午舉人，官至江蘇後補知府。李拔可在近代詩鈔有傳，石遺室詩話也有記述他的文字：「拔可少與嗷谷爲文字骨肉，爲詩共嗜后山，以余所見，則從事鄂渚，後學荊公，而酷似海藏者，工於嗟歎，所謂悽惋得江山助也。近讀少作，始悉得力后山，不亞於嗷谷。稍錄其哀嗷谷、贈陳公寬、深閉諸首，以見一斑。其至者固不專在此，願與世之賞音者共審之。」按哀嗷谷等三詩，俱見近代詩鈔。

細參改處，可悟用意鍊字之法。

拔可的斷句，出於其「石遺丈以木庵集見寄作此奉答」詩，且將全詩寫下，以補詩話之不足：「江上五年制，燈前三百篇。勞生殊未已，論世此爲賢。感逝渾無效，攜家仗有田。書成想歸去，霜橘不論錢。」

古人爲詩，貴於意在言外，使人思而得之，故言之者無罪，聞之者足以戒也。近世詩人，惟杜子美最得詩人之體，如「國破山河在，城春草木深。感時花濺淚，恨別鳥驚心」，山河在，明無餘物矣；草木深，明無人矣。花鳥平時可娛之物，見之而泣，聞之而悲，則時可知矣。他皆類此，不可遍舉。（司馬光・溫公續詩話）

文中所引詩句，是杜甫春望詩的前四句，後面四句是「烽火連三月？家書抵萬金。白頭搔更短，渾欲不勝簪」。五承三寫時局，六承四寫家庭，七八句合家國通寫，章法井然。

杜詩感時恨別一聯，向來有兩種解釋：一是從溫公之說，濺驚屬作者；一是仿西方理論，濺驚屬花鳥。後者固然可以產生移情作用，製造美感的距離，但畢竟有些微微礙理，反不如溫解來得穩當。楊倫杜詩鏡詮載杜詩憶幼子：「驥子春猶隔，鶯歌暖正繁。別離驚節換，聰慧與誰論」云云，在次句下注云：「即所謂恨別鳥驚心也。」楊氏所注，可說別具隻眼。杜甫七月離家，到隔年的暮春三月，已逾半載，自秋至春，光陰荏冉，因著季節的變換，候鳥也隨之而改變，難怪杜甫會聞鳥而驚心了。

藥樓雜文

「批評」的批評

最近在「西子灣」副刊，讀到婁先生對顏崑陽「釋章台」一文所作的批評文字，總覺得有些話如鯁在喉，不吐不快，因而不揣淺陋，希望借「西子灣」一角寶貴的篇幅，表示兩點個人的看法。

第一，我們不能否認，學術或文藝，都需要嚴正的批評，因爲嚴正的批評，既可刺激學術的發展，推動文藝的進步，同時還能收相互切磋，補偏救正之功，是一件非常有意義的事情。但從事批評工作並不簡單，批評者不僅應該具備豐富的學養，持正不阿的人格，尤其重要的，還應該同時具有謙沖誠摯的批評態度。可惜在婁先生的文章裡，我們看不到誠懇謙和的批評態度，看到的只是熱諷冷嘲的口吻，插科打諢的技術，的確令人感到遺憾。要知道，在批評過程中，如果不能保持態度上的和善與客觀，往往只會使討論變成無謂的意氣之爭，除了逞一時之快，對於問題的探索和解決，是全無裨益的。再說，一味妄自尊大的批評者，在表面上趾高氣昂，在本質上卻是易盈的小器，那不過是暴慢倔強者流，有什麼資格談批評？

第二，關於批評的層次，沈謙在「理論、批評、文學史和考證」一文說得好：「第一層是主觀的欣賞，第二層是客觀的分析，第三層是客觀分析之後所得出的主觀結論。」（見期待批評時代的來臨，頁十三，時報文化出版公司）也就是說，主觀的欣賞，仍須透過客觀分析的處理方式，才能更具說服力。這樣看來，討論學術問題，對客觀資料的採證及分析，在批評過程中是不可或缺的，否則，主題的論定，便容易流於臆測或武斷。然而婁先生在批評顏文時，對顏文中引據之確實與否，既未作客觀的考證，對其他相關資料，似乎也未曾寓目，並且還大言不慚的說什麼「我讀詩根本不經過大腦，即使出版社有詳盡的考證，時不我予，我也不一定去讀它。」治學態度既如此輕率，難怪下面反顏文所提出的五個論點，都顯得那麼薄弱乏力。試問這樣輕率的治學態度，如何配談批評？

刀不磨不利，理愈辨愈明，作爲一個讀者，當然衷心希望看到有關學術文藝討論的文章，但我們更希望討論者的態度必須是誠懇的、嚴謹的，說學逗唱的技術，儘可用之於講相聲，用在文學批評上，終不免「經薄爲文」之誚。婁先生，允宜三復斯言。

運動不等於體育

體育（Physical Education）一詞絕對異於運動（Sport）。體育是一種以生理學、心理學、社會學及物理學爲基礎的科學。運動則僅是指大肌肉活動所產生連鎖反應的生理變化而言。體育以運動爲手段，配合環境，透過科學方法，以達到培植個人健全體魄、靈敏思想與合群能力，用以適應環境的目的，所以我們對體育的意義應有一個概括的認識：一、體育係以身體活動爲方式的教育。二、體育係整個機體教育。三、體育係使人類適應生活環境的教育。

體育的目的，在提高生命的價值，發揮生命的意義，集合人的感覺情緒、思想意志，和人的工作相配合，進而發達人類社會的繁榮，所以體育所選擇的活動，能使人進步，是現代文明與歷史的產物，絕不因文物的進步而遭受淘汰，相反的，科學愈進步，體育就愈有價值。這自然不是徒託空言，因爲科學昌明，社會複雜，機體的功能就日漸衰退，精神的負荷量則益增加，爲促進人類對於生活的適應能力，以及維護正常的心理狀態，體育之爲社會接受實爲當務之急。因此，體育的價值是絕對的，永恆的。

無須置疑，體育對於強國強民的意義很大，又因爲適應社會，合乎科學，故更有其發揚光大的價值。然而我們如果肯細心觀察一下，體育迄今仍無法普及，其咎固在一般人對體育的誤解，而部份體育從業人員對錯誤觀念的鑄成，也該負責，這裡原因很多：一、他們本身對體育的意義、目的與價值，就認識不清楚，更何從教人？二、任體育教員時，僅著於運動競技的培養，卻疏忽對品德的薰陶及學理的灌輸，使學生從小即誤體育為運動，觀念根深蒂固，日後很難糾正。三、本身又不肯鑽研勤讀，一味妄自菲薄，以致自誤誤人。上述現象，由於近幾年政府對體育的推行，已有顯著的改善，但仍嫌不夠，所以，我認為目前要一般社會大眾瞭解體育，除了強調體育的正確觀念外，培養優秀的體育師資，增進其本身對體育學術的素養，也是刻不容緩的事情。

被毀容的詩

這幾天秋老虎肆虐，呆在屋裡，那兒也不願走動，無聊之餘。向鄰居借了一本「唐詩選譯」，原打算作為清腦爽神之用，誰知道讀後血脈賁張，險些沒得高血壓。

「唐詩選譯」是某大的兩位教授合編，××出版社印行，全書共收選唐詩九十四首，以英漢譯注為主，對喜愛古典詩的外國朋友，可能有點幫助，個人對於英文，一向視如雨傘節，連碰都不敢碰，自然談不上什麼研究。至於唐詩，因為幼時頑皮，被家母罰背過幾首，自問尚有「置喙」的能力，因此不揣淺陋，直接指出該書這一部份的幾點嚴重缺失：

第一是誤植文字。詩的語言比其他文體來得精鍊，何況詩中每一個字都與全詩的聲調、對偶及意境有關，因此一個字都錯不得，不幸該書在這方面訛誤累累，慘不忍睹。如杜甫「林花著雨臙脂濕」，書中把「著」字誤植爲「春」，杜詩的下句是「水荇牽風翠帶長」，牽是動詞，試問與春字如何設對？又如杜牧「贏得青樓薄倖名」，「名」字被誤植爲「者」，試問如何押韻？這種誤植的情況，據個人粗略統計，竟有十五處之多，相當嚇人！該書凡例上說：「本書中文全用照像打字，由××教授親自校勘。」自供如此，總不好把責任推給手民吧？

第二是竄移詩句。這個錯誤比較前面一項更爲嚴重，近體詩的聲調，原有一定的黏對方式，而且詩的起結照應，也自有其脈絡在，任意竄移詩句，只有造成混亂。譬如書中將張旭的桃花谿寫成：「隱隱飛橋隔野煙，洞在青溪何處邊？桃花盡日隨流水，石磯東畔問漁船。」任意顚倒原詩的第二第四句，使得聲調章法都顯得錯亂不堪，張氏九泉有知，怕不猛睜「張飛的眼睛」？另外像對李商隱的落花詩，徐安貞的畫裏陽圖，編者也犯了同樣的錯誤。

第三是割裂詩篇。書中時常將古人原本完整的詩篇，任意肢解。如高適送李少府貶峽中王少府貶長沙詩，編者僅迻錄六句，而將腹聯「青楓浦上秋帆遠，白帝城邊古木疏」漏列。又如王維桃源行，凡三十二句，但編者只錄「漁舟逐水愛山春」至「競引還家問都邑」等十六句，「平明閭巷掃花開」以下十六句，則全部付諸化骨散。其他像韓愈的山石詩，也同樣遭到腰斬的命運，十分恐怖。

根據上述證據，本書的編者，實在應該以錙水毀容案甚至分屍案定刑，因爲他們的書，把古人平時努力的成績，弄得亂七八糟，面目全非，而又硬要冠上古人的姓名，輕蔑栽贓，莫此爲甚，眞不知是何居心？我總覺得，現代的讀者對待劣書，不該再像以往鄉下人對待蒼蠅那樣，鄉下人對飯桌上齷齪的蒼蠅，很能容忍，向無滅此朝食之意，如今站在衛生的立場，我們應該改變態度，努力撲殺蒼蠅，消除公害，同樣的道理，對於不負責任的劣書，我們也應該口誅筆伐。

巧對瑣談

據說臺灣光復以後，有一幅地名物名的絕對：「新竹桃園夾竹桃」，未經人對出。記得十餘年前，有人在「中副」撰文，曾擬「紫金石浦試金石」七字以爲上聯，欲了此公案，可惜設對不夠妥貼。

按此聯之難對，不難於地名物名的配合，而難在「夾竹桃」三字，不僅是植物名，而且具有竹桃二字夾於新園二字之間的意義，故「夾」字實兼含名詞與動詞兩種詞性。試看紫金石浦句，則無法作類似的解釋，因「試」字雖爲動詞，但與紫、浦二字毫無關涉，而紫金石浦似乎也不能用以試驗金石，可見對聯一道，雖是雕蟲小技，如欲求其典雅妥貼卻也不太容易。不過，有些巧對，信手拈來，又讓人忍不住拍案叫絕。

相傳湖南有位姓蔡的名士，工聯語，有捷才，風流倜儻。那時候的青樓女子大都略通文墨，因此每以自己的花名求他作嵌字對（這種對聯，多半選擇兩個字，分別嵌在上下聯的頂字，如曾國藩爲營妓「大姑」作聯，嵌「大」「姑」二字：「大抵浮生若夢；姑從此處銷魂。」）這種應酬文字自然難不倒他，經常不加思索，揮筆立就。有一次青樓的姑娘們故意設計，特別叫了一位小姑娘，假名「青青」，請他作嵌字對，心想：您總不好在兩聯的首字用同樣的字吧！不料蔡君攤紙濡筆，稍加斟酌，即得一聯：

清斯濯纓，奚取乎水；

倩兮巧笑，旁若無人。

不但屬對典雅，各有出處（上聯出孟子，下聯出詩經）而且兩聯下句，代作一轉，已明見兩聯頂字仍舊爲「青」，巧思妙想，不愧才人之筆。

另外有一副巧對，是聽亡父說的。民國二十年左右，亡父在湖南長沙第一師範就讀，軍訓教官蔣寶三少將，爲人風趣，有一次集合學生訓話，他摩挲嘴邊的三根長鬚，興致勃勃地出一上聯，公開索對：「蔣寶三，三根鬍鬚，根根帶勁。」隊伍中一名叫聶聖五的同學，五短身材，平日喜好運動，但每賽必殿後，他當時不慌不忙，舉手大叫：「聶聖五，五項運動，項項摸風。」聯雖不夠雅馴，卻可以消痰化氣。

中華之美——梅花

在中國的文學藝術中，梅花始終鮮活在詩人畫家的筆下，因而千百年來，梅花逐漸有其象徵的意義，這象徵的意義，簡單的說，約有三點：

第一、梅花開於殘臘初春之際，表徵一種孤高突特的生活狀態，因此冰雪枝頭的蓓蕾，常象徵著無機世界中的生機。

第二、梅花爲風雪寫情，不與凡花爭艷的精神，常被視爲君子襟懷與隱逸思想的表徵。

第三、梅花歲寒不凋，與松竹合稱三友，所謂「凌霜雪而稱勁，經嚴冬而益堅。」不但象徵生命必須有的鍛練和考驗，同時也象徵一個民族在艱苦環境中的奮鬥精神。

這樣看來，梅花之所以能代表我國民族的卓越性格，成爲貞節之士的人格表徵，一方面固然由於她那種卓然獨立的蒼勁形象，但是更重要的，還是基於她凌厲冰雪、堅毅不撓的堅貞稟性。因此，民國締造以後，梅花正式被定名爲國花，同時也成爲我國民族精神的象徵了。

今年元月，文復會成立推廣梅花運動委員會，陳立夫先生、蔣緯國將軍分別擔任正副主任委員，蔣將軍且發表專文「梅花天地心」爲這項運動作了更進一層的解說，於是舉國上下，風起雲湧，紛紛響應這項有意義的運動，文化界人士也不例外，譬如最近，宋定西先生主持的漢光文化事業公司，出版了一冊梅花專輯，便是最好的證明。

梅花專輯是漢光公司即將推出的「中華之美」系列叢書的第一輯，其內容區分爲寫眞、傳神、意林、文選四部份。寫眞部份全爲梅花攝影，製作者透過卓越的攝影技巧、國畫的構圖手法、精美的彩色印刷，使圖象上的梅花栩栩如生，呈顯了梅花各種美的境界。傳神、意林兩部份，分別收集有關梅花的藝術（如國畫），以及古今論梅的作品，讓讀者深切認識梅德與梅性。至於文選，則包括文賦十篇（附語譯），詩四百首、詞四十九闋，搜羅堪稱宏富，讀者如能細心諷誦，也足可與梅神交。總的說，全書對梅花資料的採集工作，做得相當完整；同時對資料的編排，也付出極大的心血，這是很難得的。

這本專輯的發行，相信能對梅花象徵意義的發揚，或中華文化在海外的推廣，帶來一些影響，因此我樂於爲文推介，同時對宋先生的愛國情操與文化理念，也表示由衷的欽佩。

亙古不變的明月

中國古時候，以歲時伏臘爲令節，到了漢朝末年才開始重視寒食，六朝才開始重視冬至。這以前，世俗尙無有關中秋的故事，我們看梁人所撰的「荊楚歲時記」，對於八月十五日中秋的事，沒有隻字片語提及，就可以知道了。到唐朝，八月十五夜雖有翫月故事，從沒聽說過中秋節的說法。大抵「中秋節」之名，起於宋朝，太宗紀說：「八月十五日爲中秋節，三公以下獻鏡及承露盤」，可以爲證。至於中秋吃月餅，那恐怕是元末明初以後的事了。

我國自古相傳，說月宮中有嫦娥，有冰蟾玉兔在桂樹下搗藥，終年不息，故月球又稱「玉兔」，這些美麗的傳說，在民間早已流行千百年，現在雖經科學證實，月球表面不過是一片凹凸不平的荒寒之地，但仍然阻止不了人們對瓊樓玉宇的遐想。

今晚，我們擧頭望月，看到的是一輪亙古不變的千古明月，張若虛說得好，「江畔何人初見月，江月何年初照人。人生代代無窮已，江月年年望相似。」（春江花月夜）不錯，自有天地，便有此月，就是今晚的這輪明月，照過了秦漢的烽燧，也照過六朝的鶯花；照過了藍關的雪，也照過蜀道的雲；照過了李菁蓮的牛渚夜，也照過蘇東坡的赤壁舟；照過了「不知何處吹蘆管，一夜征人盡望鄉」的受降城，也照過「遙憐小兒女，未解憶長安」的鄜州。詩人生活在動變不居的人間，面對這一輪亙古不變的明月，怎能不對歷史興亡、人世滄桑興起無窮的悵觸？劉禹錫金陵懷古：「淮水東邊舊時月，夜深還過女牆來。」鹿虔扆臨江仙：

「煙月不知人事改，夜闌還照深宮。」以及晏幾道的小詞：「當時明月在，曾照彩雲歸。」不都是如此嗎？

今晚，我們抬頭仰望這輪千古明月，耳際仍會迴盪東坡「明月幾時有，把酒問青天」的海天高唱，胸中仍會平添王建「今夜月明人盡望，不知秋思在誰家」的惘惘愁緒，不是嗎？

從古典出發

前（六十八）年四月，全國大專院校中、外文系的部份教授，基於對文學前途的關心，組成了一個全國性的學術研究團體——中國古典文學研究會。該會以研究古典文學、促進中華文化復興，以及推動文化建設為宗旨。在工作目標上，他們除了逐年舉行古典文學討論會，舉辦有關文學的系列講演外，同時也計劃有體系地整理出一套中國傳統文學的批評理論、編輯中國文學大辭典。在精神意義上，他們希望能擷取傳統文學的精華，兼採現代研究方法，融合中西學說，以從事深廣的文學研究，並影響當代文學創作，使其植根於深厚的傳統沃壤中，以締結具備民族文化特色的文學花果，締造二十世紀輝煌的文學時代。由此以觀，該會既有高遠的文化理想，又有具體的工作目標，相信他日必能為促進文化建設的時代巨流，盡一份推波助瀾的力量。

該會自創立迄今，已舉辦過兩屆全國性的古典文學討論會，都非常成功。第三次討論會已定於明（十九）日起兩天，假臺北市國立師範大學舉行，在這次討論會中，與會的學者專家們，將提出十六篇論文，主要篇目計有：「左傳的人物形象」（周何）、「朱子的武夷櫂歌——兼及對陳註的商榷」（王甦）、「莊子與文學」（左松超）、「駁郭沫若對杜詩的曲解」（張夢機）、「兩幅案頭山水之勝境——從寫景、意境比較岳陽樓記與醉翁亭記」（沈謙）、「包拯、文彥博與平妖傳——談小說研究的歷史考查」（黃啓芳）、「略論三國演義與裴松之三國志注的關係」（胡楚生）、「服飾、服食與巫俗傳統——從巫俗觀點對楚辭的考察之一」（李豐楙）、「唐詩中的山水」（李端騰）、「唐傳奇的性情與結構」（龔鵬程）、「陳光蕊江流兒故事與西遊記」（鄭明娳）、「六朝志怪小說簡論」（王國良）、「幾番風雨到紅樓——三十年來大陸紅學之批判」（杜松柏）等。這些論文，從內容上看，包括經史子集；詩歌評論，有古典文學的左傳，也有近代討論最多的紅樓夢，範圍非常之廣，頗具普遍性：從作者所屬學校看，包括臺大、師大、政大、中大、興大、輔大、東吳、文大、淡大、高師院等十校，涵蓋面相當廣泛而平均；從論文性質上看，有比較，有辨識，有考證，有批判，幾乎是從多方面的角度去探討。至於杜文「幾番風雨到紅樓」、張文「駁郭沫若對杜詩的曲解」，批判大陸歪曲的文學思想，則尤其具有時代意義。

一項成功的文學活動，當有助於學術的交流，以及研究水準的提高，是很有意義的。我們殷切寄盼，該會能繼續努力，以開掘民族文學豐富的寶藏爲職責，我們深信只須假以時日，中國文學必能在這一代耀射更璀燦的光芒。

不爭一時而爭千秋

我是一個研究古典詩的人，對於現代詩僅止於關心的層面，但這些年來也接觸過不少現代詩人、詩刊，發現其中天地廣闊，確實有深入探索的必要。

對於創世紀詩刊，我很早就耳有所聞，但眞正開始閱讀還是近二三年來的事，我初步的感覺是：一份同仁性質的詩刊，能持續出版近三十年而不輟，這背後必然有一股強勁的推動力量，而這股強勁的推動力量，我想應該是基於一種推動的熱情、執著與使命感吧！

現代詩壇似乎一向多爭論，黨同伐異的情況相當嚴重。我想現今的社會已逐漸走向多元化，彼此詩觀有所不同，無疑是一種正常現象，沒有必要作過多的意氣之爭，據個人記憶所及，創世紀似乎也曾捲入火爆的論爭之中，往者已矣，就當它是三十歲以前熱情過度的現象吧，而在三十歲以後，應該更加深加廣對詩、對社會的看法，以更理性的態度，更開放更包容的胸懷去面對詩壇，面對歷史。

上一期的創世紀推出整整八十頁的「大陸朦朧詩特輯」，其中有客觀的評述，作品介紹及大陸詩論選刊，策畫精詳，表現出大氣魄，對自由中國的詩壇應有一定程度的衝激作用。類似的詩輯希望也能推出，譬如說「海外華人詩歌」，也是我們應該關心的。

已屆而立之年的創世紀，在檢討或評估過去的同時，如果能重新思索或規劃未來的走向，未嘗不是一件有意義的事情。在這方面我倒想提出一點芻蕘之見：現代詩在臺灣的發展已自成傳統，既成傳統，便該以歷史的眼光、學術的方法去加以研究了。無謂的意氣之爭，於詩何益？徒然耗時耗神而已。創世紀諸君子中，不乏學有專精、才華橫溢的詩人，何不從現在開始，一方面不計毀譽，努力從事創作；一方面結合更多的現代詩研究者，有計劃有系統地把現代詩擺在學術層面去討論。不爭一時而爭千秋，相信只要持之以恆，終能使現代詩在中國文學史上激出火花，甚至引發像盛唐那樣的萬丈光燄。

閒適

閒適這兩個字，不單是指清閒無事，而且可以指脫離世俗的紛擾，本身心平氣和或者與自然和諧相安的一種心境。

在中國傳統詩人中，最能表現閒適的心境和生活態度的，要算東晉的陶淵明了。許多討論陶詩的書籍裡，都肯定陶淵明是魏晉思想的淨化者，並且說他的哲學文藝以及他的生活，都是這種思想的最高表現。我們知道，陶淵明的心境與生活，從他辭去彭澤令而退居山林以後，有很顯著的轉變，經過這一轉變，他由苦悶的世界，進入他自己的理想世界，因此，他後期的作品，充份表現了美麗的自然與閒適的生活。

陶淵明著名的飲酒詩說：「結廬在人境，而無車馬喧。問君何能爾，心遠地自偏。」儘管居住在人境，可是門外喧嘩的車馬聲，卻絲毫不能影響他。這原因主要是由於「心遠」的關係。心遠，是象徵心境的超越和逍遙，有了這種超越和逍遙的心境，所以才不會爲外在的環境所干擾，也因此才能呈現他「悠然」的心靈狀態。詩中接著所說的：「採菊東籬下，悠然見南山。」便是這種不凝滯於物，不期然而然的超脫境界。只是這種「悠然」的意境，很難用言語來表達，所以最後他說：「此中有眞意，欲辨已忘言。」

不過，我們認爲，陶淵明所說的「悠然」，其實就是閒適的表現，因爲閒適是心理上順其自然，而不有意造作的一種心境，在這空靈的心理中，自然能與大自然產生一種精神上的默契，因此能敏銳地感覺到大自然的變化與流動，而產生一種與外界和諧相通、打成一片的感覺，這就是「悠然」，也就是陶淵明「欲辨已忘言」的「眞意」。

活在現代的都市人，終日忙忙碌碌，爲衣食奔走，精神生活完全失去調劑，日子久了，不免心力交瘁。我們現在當然不可能也不必要退處山林，離群索居，但平常多接近自然，多去體會陶淵明閒適的心境，相信對個人身心的健康，總是有益的。

藥樓詩稿續

·張夢機·

喜雨

民國八十二年歲次癸酉秋

迅雷白電急搜窗，救旱功深雨打廊。卓午生涼成小憩，滂沱聲裡夢瀟湘。

獨夜

四圍抹漆晚涼天，樹罅燈光對惘然。霜髮無情生有種，風牕有月照無眠。壁間讀畫初宵後，樓外吹簫秋社前。一病翻教塵念淨，披書撰稿不知年。

入城過碧潭石橋作

碧潭橋畔漲浮塵，道上輕車啣尾經。水是千波三曲綠，山為一脈萬年青。入城小聚情如酒，攜夢重過髮已星。試倚風窗開病眼，塍邊溪鷺掠前汀。

感秋

高捲書帷晝啓扉，籬東又見菊花肥。雲閒今古棲空壑，雀語簷廊惜落暉。旱久漸聞秋水淺，痾沉轉覺故人稀。窮途未料身何竄，作健登臨意已違。

山城

愛聽斜街墜葉聲，此身端合老山城。流天思接千秋想，吹袂風來五兩輕。未信藥丸支倦體，權憑詩律寓眞情。車喧自亂濛濛雨，且養雙眸午寐清。

秋夕光男賢弟酒集六條通

座中學博各霜顚，來共尊罍已隔年。入夜琴燈媚秋月，應時鮭肉點華筵。寒心塵事都成淚，喧世襟情欲化煙。今昔迷離如一瞬，青眸留與惲南田。

藥樓坐雨兼懷戎庵崑陽

擢秀群峰入戶蒼，誰家叢菊發幽香。一城寥落瀟瀟雨，兩鬢蕭疏點點霜。不灼豆萁曹子建，漸寬革帶沈東陽。忍閒久慣依書卷，賡詠文山未易忘。

伯元寄詩即次其韵

諸峰雨了又晴鳩，記踏燕雲十六州。紅葉尚饒秋色美，黃花稍補小廬幽。哀時日落風何勁，恨別心驚鳥自啾。欲問五千年往事，大河猶是帝堯秋。

環河道中作

瀝青道路起輕埃，燭夜千燈隔岸來。枵腹猶嘗秋寂寞，大橋不鎖水瀠洄。曾占微命殊非薄，誰料沉疴換此哀。鷗外新墩明月在，山邊遙指小樓回。

遠望

秋晚瀛洲綠尚饒，俊遊解佩踏晴郊。山巔樓舍多新象，樹杪霜烏失舊巢。默以陽寬置冰炭，懸知海闊羨龍蛟。人生禍福安排定，不用橫經問卦爻。

答痖弦

迴風墜葉舞秋空，山館書來慰寸衷。漫向昊天邀健隼，每從塵網想冥鴻。襟猶見肘終無悔（謂創世紀詩刊），杓可分江亦有功（謂聯合報副刊）。南海浮桴紛涕笑，詩壇能不唱玲瓏。

殘碧

殘碧山前白鳥飛，憑牕望遠可當歸。倘過古寺情如舊，偶泛幽潭願尚違。積潦周堂難撼我，浮雲蔽日欲侵扉。新來靜領閒滋味，秋縱凋疏蟹已肥。

感時

兩岸潮通接比鄰，且從習俗驗漓淳。政爭欲問天何意，客久徐看海已塵。落葉減秋風掃徑，暗蛩弔月淚霑巾。拊心世事餘惆悵，翻覺書燈最可親。

舊游

記從後壁叩山隅，偶念前游意亦愉。地湧一泉同水火，霜侵萬葉有榮枯。疏鐘何處寺樓遠，荒徑無人林木腴。兩雀枝頭爭未已，冷嘲早聽報啼烏。

雙十感賦

八秩還添兩稔辰，鴻鈞轉運慶蓬瀛。淹街旗海猶翻浪，娟夜燈樓更照城。地現人潮隨處湧，天懸焰火向秋明。騰歡紛作承平宴，渾忘戈鋋在莒情。

閒居奉寄嘉有丈

落落思垂一布簾，休燈眞覺亂星添。心香徐共疏煙遠，塵事都從老夢占。微祿經年偏我累，釅茶此夕倩誰拈。因風想得南豐句，秀壁孤雲遠莫瞻。

遣懷

坐眺秋山雲起遲，渾忘甲子是何時。頭顱影壁憐吾在，木葉聲窗感汝癡。樓外野風吹短鬢，天涯夢數占新知。病來惟覺光陰緩，落寞書淫兀自悲。

次答崑陽 舊作

命酒軒廊泥晚巒，冷風扶磬出雲端。江流不轉陣圖石，花夢長縈金谷欄。娟夜潭星疑是粟，盤秋霜月若爲冠。何堪舟楫久留滯，林腳通潮分薄寒。

次答永武

我家嶽麓近湘濱，浮海生涯恰似君。詩夢未離秦嶺月，秋懷先亂楚天雲。坐聞郊外愁多壘，欲賦江南愧不文。誰起龍城李飛將，群山無語對斜曛。

暮秋

朱牆樓舍傍城隈，敞戶看山日幾回。午後雲陰攜夢去，風前旌角捲秋來。三臺旱久水將涸，四野霜寒鴻自哀。邑宰惟應恤貧病，游詞莫更說天災。

秋夜

諸峰如墨一燈清，養拙端宜不入城。壓榼茶香澆舌雋，流天月大透簾明。葛藤萬事遽遽夢，襟抱浮生惘惘情。平日層樓對朝爽，新詩定復與秋爭。

晚秋薄暮

郊坰空益此樓幽，老菊疏籬夕日收。一壑雲煙成舊夢，九天風雨入新愁。離情每引譙嶢淚，孤抱全連浩洞秋。薄暮尋聲聊自憶，江南清怨聽閒謳（聽周璇遺曲）。

癸酉雜詩六首

細浪輕舟泊小潭，棹歌猶似舊江南。春心莫更吟紅豆，只此相思已不堪。

花撲風欞夢乍回，小罏烹菌出輕雷。卻將京洛塵中手，來酌江湖蘸甲杯。

杜蘭歇後蛩聲涼，紅蓼淺汀鷗夢香。隔岸疏鐘聽不盡，半江明月冷如霜。

黃葉斜街一笛風，背燈危坐淚先融。揚州明月清湘雨，都付茶甌詩篋中。

秋來客思已崚嶒，一赴殘年更不勝。人意但知冬釀美，寒梅誰問著花曾。

寒氣侵帷近四更，戍樓遠角到門清。夢回空館餘愁在，獨掩微燈照雨聲。

冬日書懷

及昏樓望待雲回，生意經年到此灰。葉少愈增林突兀，天高不覺塔崔嵬。又從寒歲悲塵事，早爲沉疴止酒杯。買屋閒居銷晝永，著書換得鬢毛催。

寒訊

離群羈客元多感，應候嚴寒倍易驚。落木不知人已散，酸風空惹淚相傾。詩期媚骨朱顏改，茶到枯腸青眼橫。天下安危誰管得，明春呼伴好聽鶯。

偶成

獨臥山城空念群，虛廊清冷絕塵氛。稍憑經案猶披卷，久患頭風尚屬文。哀樂豈關天下計，是非欲換世間雲。啾啾衆鳥尋巢去，凝紫煙光正夕曛。

寄懷定西

負笈鯤南是舊知，北臺竟又聚牙期。尚分斗粟憐余拙，既倒文瀾倩汝支。招客曾沽元亮酒，刊書初選少陵詩。輸君豪氣干霄漢，方駕朱家此最宜。

感冬

披卷書齋晝掩門，不教襟抱乞餘溫。一衰至此慙涼德，半廢於今負舊恩。臨帖難工顏柳字，養身早止李焦樽。網溪只在平郊側，絳臘燒天日又昏。

山城侍母夜話

叢殘往事盡成煙，卻憶兒時畫荻前。深夜青熒一燈畔，慈顏頓覺異當年。

遣懷兼寄勉蒸先生

浮生剝復本難同，宿命尋思久漸通。愁煞於今天不管，美哉在昔運何窮。功名已棄重霄外，恩怨全歸一笑中。那敢賡吟相抗手，輸君至滿引強弓。

書近事

莫依天塹忽憂危，攻毒除貪是所期。社鼠驚心多自竄，官衙回首略堪疑。北辰星遠芒初大，東海潮迴壁尙支。千萬蒸黎同額手，佇望惡作肅清時。

遣悶

早歲還乘東海桴，晚扶風疾有雙雛。聲華溫李幾曾有，族望謝王元本無。病久已憐非故我，境幽但惜是殘軀。臨窗閒眺衣裳冷，欲喚冬陽照座隅。

此夜一首

朔風應候冷淹留，壁上燈波夜更幽。欲下重帷披畫軸，且招明月共茶甌。雄才多惜爲詩掩，綺夢何堪付水流。料得餘生定煢獨，投閒端合一歸休。

允道振東二弟過話

城郊日暖入軒楹，二妙初來話甲兵。江北哀黎驚戰火，滇西要道走戎旌。大邦料是丁衰季，熱血誰非感至情。樓舍最憐人去後，餘音猶帶角聲鳴。

夜讀

壁燈生暈夜初臨，古籍丹黃惜寸陰。萬里寒流來海外，半規冷月到樓心。喜從舊注通經典，待引殘詩入布衾。踞坐猶龍非老子，尚堪據案一披襟。

歲暮即事

命定修蛇歲次雞，嵯峨憂患與天齊。人猶傷別三千里，稻欲休耕八萬畦。嘖嘖又聽歸鳥過，依依徐看夕陽低。飛來寒翠深藏袂，衆壑無名待品題。

傳公委員招飲即席作

飲德多慚病未能，偶來舊雨莫相矜。當筵快瀉千杯酒，入夜寒侵一壁燈。橫舍昔爲公輔佐，浮雲今羨鳥飛騰。明朝縣邑兵氛歛，且養吟睟枕枕稜。

暖冬

海天一碧本從容，琵鷺飛來過暖冬。黑面眞堪矜秀色，白衣渾似見高蹤。乍歸蜀客初尋路，尙武胡兒已熄烽。世事珍禽知幾許，且看螢幕會當逢。

除夕

吟屐尋幽莫更論，冬來但說愼寒溫。香分鄴架書千卷，病止陶公酒一樽。才小詩應無可祭，政平蝨亦不須捫。凋年骨肉欣同餞，渾忘身居擺椏村。

春興

民國八十三年歲次甲戌春

詩心長憶北鯤天，每到花時一惘然。遠近繁櫻春自媚，高低幽渚夢相牽。車喧官道塵初起，光炫螢屏曲尚妍。此去海灘才百里，援琴何日效成連。

答施惠

病來無復計三餘，竹塹多君問起居。錯落夢痕春枕枕，參差花影月梳梳。羽茶沾袖朝搜句，鄴架分香夜讀書。淸暇當軒閒眺遠，不知何物是璠璵。

春思

青衫猶自歷風霜，春草年年綠滿塘。不見戎旌催戍鼓，空餘書卷塞行箱。揭竿有志追秦鹿，焚服無能負鄭王。最是多情寺樓月，夜深還過舊廂房。

煙雨

煙雨空濛濕晚炊，苔痕漸看上階滋。窗前水氣全歸袂，杯裡茶香半入詩。庭草綠從人去後，鵑花紅到燕來時。故園春色應無恙，剪韭畦邊定有誰。

席上口占

一曲清歌持酒聽，沁脾何處散花馨。坐中半是三湘客，莫向筵前說洞庭。

老農

龍鍾無奈一鋤何，況是春寒凜短蓑。朝叱牛臨田陌曉，暮揮袖惹稻香多。窮檐已忍思鄉淚，久旱都忘鼓腹歌。料得青山汝應羨，平生從不怕催科。

追往

南鯤北地昔曾游，磴道煙波象外幽。草嶺繁櫻燒遠野，網溪閒客釣春愁。燈迷港市方燃夢，雨入風篁欲撼樓。此日山城寂寥甚，惟看荒翠滿林邱。

註：頷腹聯分指草山、碧潭、高雄、溪頭四地。

寄懷克地伯兄

煙草戕身悔已遲，且將衰朽惜春時。書堪撥亂存通鑑，表可知忠識出師。一洞槐根成蟻穴，十年詩卷負鷗姿。鴒原詠罷深情在，看取燈邊兩鬢絲。

遣懷

杜鵑花密柳絲長，日暖風溫慰病創。曾到北京求秀墨，坐愁南海發柔桑。山當叢木嵐同翠，雲過高花雨亦香。三十年來猶未達，平居衰涕欲沾裳。

曉坐

樓臺鱗次沐晨風，坐眺山光百慮空。詩袖漫分群樹綠，芸窗不染點塵紅。命非鄒馬元多感，才並隋和未竟功。寵辱從知皆一夢，餘生那復計窮通。

樓居偶興

一帶樓窗夕照侵，啁啾衆鳥欲歸林。無邊芳草粘天遠，不盡浮雲閱世深。淺壑紫時横暮靄，小花紅處見春心。生涯負謗尋常事，未抵春茶細細斟。

浩園春日

三春秀木茁新枝，坐眺池亭日暖時。病久猶須尋聖水，香濃漸欲沁吟脾。繽紛花事游蜂鬧，落寞襟情語雀知。登涉山河空有願，那能陳力比群兒。

子良自高雄遠來探視

山城車駕又相臨，遠自鯤南共午陰。在抱離雲隨瓦聚，飄軒舊夢與年深。振衣尚帶風濤氣，傷足猶存璞玉心。披卷多聞參聖譯，蒙頭不畏雪霜侵。

藥樓即事

飲罷臺茶倦眼開，樓前物象入望來。浮雲淡蕩迷春壑，晚雨空濛掃薄埃。忘事師丹今老矣，游山謝客昔悠哉。風吹草勁虬枝折，始信剛強是禍胎。

授　課

午後樓陰冉冉移，諸生遠道共茶瓷。且從皮陸明吳體，偶向黃陳辨宋詩。請業不曾嫌口訥，叩鐘稍欲見襟期。輕車歸去斜陽晚，坐看白雲無盡時。

與溢成茗話

影帷衆綠入晴窗，樓舍相過慰寸腸。啜茗不辭添水厄，拂衣猶覺帶書香。每憐博學通今古，還欲高談起病創。三峽近聞旋築壩，一襟心緒久低昂。

次和錦松弟晴陰一首

衆鳥歸飛報好音，乍來晚雨掃樓陰。此生不舞劉琨劍，且作窮途阮籍吟。

惠雯韵如雅芬諸女弟過宅茗飲

溫顏絮語夕陽斜，破浪春帆聽煮茶。渾似苕溪陸鴻漸，清甌活水作生涯。

落花詩八首

嫁與東風正妙年，鶯梢非復舊暄妍。青樓隔雨俱成冷，委地無聲亦自憐。

碧水流香第幾津，桃花磯畔問漁人。繽紛自是通仙洞，不沒秋原馬足塵。

半面妝成夢已冰，卻將憔悴近春燈。零紅仍在本根側，合勝飄蓬逐野塍。

墜樓心事與誰論，一殉貞能酬主恩。聞說息姬空有恨，但知不共楚王言。

風簷舞罷冷新醅，賸共胡僧話劫灰。經雨安危都不預，任他水去與雲回。
曲江萬點夢依稀，幾誤飛花猶未歸。陌上參差留夕照，傷心豈獨是沾衣。
細把重吟夜向闌，榮枯一晛兩無端。沉香亭北春如夢，誰肯燒燈帶笑看。
三月東君取花去，郤酬新碧製荷錢。含章水面春猶在，一瓣拈來見大千。

端居

書卷分香茗味清，寂寥一病勝琴笙。天方憒憒都無想，事任紛紛了不驚。苦詠未須防柳惲，工愁猶自效張衡。腐儒生計眞堪笑，淡食孤衾老此城。

樓望寄鎮江弟

萬樓似海此身孤，聽曲看山坐敝廬。又送殘陽歸晼晚，亟知荒徑太崎嶇。鼓鳴鐸也通花鳥，風舞雩兮入畫圖。聞道鯤東物華美，欲搜詩句共姁媮。

書近況寄諸故人

蔬食生涯世外清，且抛窮達臥山城。三年詩卷收花氣，一幅簾波捲樹聲。人事又驚隨鳥換，病心眞欲與鷗盟。分憂釋謗恩長在，入戶林邱鑒此情。

赴公保大樓

環河道外暮江新，向晚車多唧尾頻。倦眼忽迷莊子蝶，小窗初染庾公塵。重來元憲情何苦，早信華陀技亦神。抱病長年甘請藥，身閒渾似葛天民。

憶亡妻素蘭

寂寂樓窗晚，焚香獨悼亡。尙難隨謝客，何得覓毛嬙。月暈風初起，雲深雨乍狂。萬緣皆有兆，只是太蒼皇。

奉寄哲夫

坐擁故宮恩遇深，去來空翠濕衣襟。花開半壑春生殿，岸夾雙溪水鼓琴。卅載猶存知己念，萬牛不挽臥雲心。樽前除卻書兼友，孤抱曾無一物侵。

與芳崙中將夜話

燈外盆栽翠作堆，舍門喜爲故人開。陶公戰艦巡滄海，孔宰髫年負俊才。萬里風煙催白髮，三年樓閣閉黃埃。說殘魚鳥升沉事，何處絲篁動地來。

次韻嘉有文題梅花圖

歷盡冰霜是國花，千枝萬蕊壓籬斜。謝莊衣袖籠燈覓，何遜州城得月嘉。秀醫凌風搖玉骨，暗香隨笛透窗紗。絹絲怪底寒生雪，畫作端宜到處誇。

樓　居

武不能鳴鐃伐鼓搴胡旗，文不能檄喻巴蜀如相如。養疴日日以楚奏，寂寞疑是揚雄居。

聲華兮雨外杵，材質兮蒙莊樗。致君堯舜夢囈耳，索居漸與人群疏。披山晴雲壓石裂，流天明月搖窗虛。三春夙夕閒眺遠，更點周易觀經書。憶昨發疾日，實同鳳在笯。體力忽衰弱，形骸非故吾。雙膝殆廢，口瘖難呼。譬猶泥滓困疲馬，斂翮棲倦烏。諸生殷勤魄花果，朋輩濕沫相呴濡。群醫束手了無策，自分詩骨埋平蕪。爾來復健且三載，萬事反覆身羈孤。終憐微命得天佑，一念尚可新羅踰。功名棄擲少恩怨，東隅雖失收桑榆。且願并州借得快刀剪，剪取翠嶂列座隅。有若南陽諸葛廬，兒乎兒乎機雲乎。

舊遊

凌東海，穿碧霄，萬里翱翔下筧橋。杭州自古繁華地，人車來往如江潮。勝賞已遲千載後，東君仍舊催花柳。樹罅西湖浸晚窗，五星樓舍出塵垢。曉起逐隊耽幽尋，花港水暖觀魚心。斷橋不斷蘇堤直，一湖秀氣消煩襟。畫舫裂碧炎氛薄，匝岸夭桃紅灼灼。其間何物清吟懷，靈隱古寺疏鐘落。艤舟幽渚呼隨群，虔誠同禮岳王墳。生鐵何辜鑄秦檜，忠佞端宜叩白雲。白雲無語任舒卷，一悟疑惑盡得遣。忠佞之理人俱知，誰忠誰佞不易辨。茲游半日能歡娛，歸來尚覺容色愉。負手尋詩鍵深戶，佳境易失難追摹。

春日雜詩八首

解紛成小聚，寒舍遠城闉。菜尚存川味，茶猶帶浙塵。是非三尺浪，語笑一帷春。鄰架

書香溢，誰知原憲貧。信發沈謙恩定夜過

才微寧敢語，不復更論文。風樹晴方雨，林邱曉偶雲。花紅笑霜髮，草綠戀羅裙。病臥樓窗下，何當遠事君。獨坐

殯宮陰氣集，於邑爲公深。有子能弘道（謂昭旭教授），無緣豈作霖。巷荒曾乞藥，棺蓋總椎心。遺像重瞻拜，銜恩涕不禁。輓廣心伯父

戟門初卷甲，買屋此淹留。山翠朝分袂，河流夜答謳。君仍嗜宦釀，我已厭籠囚。安得清幽日，看花共茗甌。過陳顥宅

當晝幽情愜，憑軒翹首望。閒門過轍跡，虛室納花光。暮壑橫浮靄，高樓駐夕陽。飯香兼茗淡，渾忘在殊方。春興

炎洲滄海事，歷亂自多端。都道棋方劇，誰知局已殘。百年髮絲短，一枕月光寒。萬籟俱沉寂，徐徐夜向闌。不寐

佳木凌寒秀，群芳一縮成。雨前滋菊色，宅裡滿篁聲。入座書相伴，休燈夜自明。根株久培灌，漸冉識春情。盆栽

漸感清陰密，寂寥春欲歸。花前餘幾日，樹罅漏斜暉。塵土雙蓬鬢，江湖一布衣。碧潭無恙在，物是意全非。暮春

贈戎庵

波瀾壯闊如少陵之古體，情辭雙美類義山之詩篇。衆咸曰開張天骨，才大思妍。搜句約三千首，論交凡三十年。同禮墨堂門下，戴崇爭及彭宣。病從鑾坡甫致仕，昔時曾著祖逖鞭。茶甌破寂披畫卷，夢中銅柱生野煙。默相顧，各華顛，飛來蛺蝶何翩翩。餘齡萬事皆脫略，箕坐露頂春風前。君不聞戎州翰藻足今古，氣象迤邐峨眉巔。危烽海峽化玉帛，何當剪燭聽雨巴山邊。

曉起獨坐

天際動曙光，雄雞報期信。披絮雲翻山，萬翠得滋潤。飛鳥從西來，玄白自成陣。晨飈吹老榕，策策響清韻。往復車聲喧，初陽遍遠近。坐眺緣體孱，焉能寸步進。口訥猶期期，塵土兩蓬鬢。莫嗟遘陽九，作客本天運。海角甘棲遲，歲月若奔駿。總髮垂垂黃，四秩倏一瞬。曠士斷愛憎，幽襟泯喜慍。還取南華經，重讀齊物論。

次韻奉答秋金詞兄

成蹊桃李本無言，賸有危心欲叩閽。爝火何能爭日月，史書猶許伴朝昏。萬方花木融春氣，幾處川原帶血痕。病裡拙詩聊自遣，敢從浮議計卑尊？

洛夫商禽張默梅新辛鬱諸兄枉過

寂寞生詩情，苦被花懊惱。五子聯袂來，欣然豁懷抱。排闥邱壑棲晴雲，輕陰滿地不堪掃。數杯釃茗滲吟心，一帷語笑愈清好。君不見詩無今古唯情眞，不因體制別舊新。還期雋語造平淡，莫辭意象勞精神。超乎現實拓深境，遣詞還與煙霞鄰。光爭日月豈熠火，繁花燦爛三唐春。讀群書以忘倦，負小謗而何瞋。推知星命動文曲，高才非是蓬蒿人。噫！身雖羅疾世相棄，性如野駒不受轡。諸君驅車遠道過，慰吾蒲柳有深意。

弘治雅州茂雄沈謙過話

一室清言玉屑霏，懷人憶事與遄飛。多情鄰壑來相視，排闥濃青欲撲衣。

浩　園

草木蕃小庭，須彌納芥子。勢若長江圖，尺幅具萬里。尋春暫相過，紅磚平如砥。兩側樓十層，崔嵬拔地起。花色撲袖來，因之堆紈綺。清泚多錦鱗，優哉以迎己。衆喙爭啁啾，鏘然含宮徵。閒亭堪眺望，靄浮暮山紫。自從罹沉疴，輪椅代步履。遠害戒醞菸，淡茗銷吝鄙。朝帷檢詩篇，夜燈窺書史。嗟余客臺員，棲遲倏四紀。乘桴方弱齡，五秩尙居此。憶昨素通脫，而今變髮齒。仲宣怯登樓，未回類逝水。偶然到茲園，禽音盪心耳。稠紅紛滿眼，東風暖肌髓。何當趁青春，行歌白日裡。蹴踏屯峰雲，閒釣網溪鯉。

佚　題

孫臏黥面能逃災，卞和刖足非緣財。頭風誤我且三載，膝孱口噤殊悲哀。憶昔狼狽始，微命薄如紙。若無回天力，垂危幾瀕死。夜闌漚血，沾衣乍噴數升；煙害戕身，下地俄驚雙履。多暫朋輩照拂勤，每隨歸鳥沉西曛。諸生禮數最周匝，鮮花橘柚漫紛紛。道尊基督漸深信，慈顏哀髮淚潸迸。功名恩遇轉頭空，人生至此豈非命。嗚呼！功名恩遇轉頭空，人生至此豈非命。

次韵熙元教授懷漁叔師

白袷朱顏望若仙，三杯蕉葉即陶然。庋書李泌凡千卷，問字侯芭且十年。述作明庭勤試筆，追陪幽境忝窺緣。渥恩每覺長沾溉，往日堂堂去不旋。

向恆見過

溫言娓娓到昏黃，壓榼茶香引興長。曾向碧潭橋上過，應教流水入絲篁。

今昔用秋金詞兄韻

少年低首郭朱流，一劍光寒老亞洲。祇向街坊問恩怨，懶從鱗羽計沉浮。焚香此日憐妻篋，倒影高花入茗甌。堪嘆餘生無健翮，不然飛上岳陽樓。

寄恭祖

吾子灑落人，所學遭棄置。投劾居東湖，鍵戶背山翠。觀書且娛心，興來偶一醉。能撰五古詩，長帶蔬筍氣。昨夢坐藥樓，君攜花譜至。姚黃與程紅，丹青亦嫵媚。笑彼塵世間，但迷圖中意。五色炫兩眸，綺念紛自恣。推枕惘然醒，夢境難盡記。二儀動初陽，蝸篆盤大字。朝爽臨清門，風樹響鐃吹。

藥樓春曉

臥聞叢樹聲，微覺涼籟發。捲幕迓曙光，冥濛天際白。復健爲耽閒，事亂似霜髮。曆日翻風過，祁寒變燠熱。雙膝須助行，所言尙訥訥。蓮社集詞流，惜無遠飛翮。病後恩怨疏，功名記疇昔。坐對山莽蒼，春曉守空宅。

戎庵七言長篇才大思雄余無力賡和因作短古奉酬

久欽羅隱筆如弩，紛調白羽射豺虎。所作芳草好雲詩，長存天地燦今古。大篇比似連珍，我爲曹鄶君楚秦。師來峻秀外江暖，綵筆濡染戎州春。

懷人絕句八首

談諧博塞見童心，上舍諸生孺慕深。故訓毛詩三百首，一時姓字重儒林。（余培林）

諧易多從冷面來，敦煌負譽豈非才。欣奔猶羨陶元亮，久在樊籠復得開。（羅宗濤）

皮書壁架可忘憂，渾似三唐李鄴侯。夢裡若逢東閣老，那堪更問絳雲樓。（李殿魁）

十洲古記有新論，淹貫中西道已尊。最憶客途雙軌直，鯤南曾共聽濤喧。（金榮華）

上庠授曲早知名，述作能通關馬情。倘使春宵解吹笛，已枯楊柳得重生。（賴橋本）

華殿春風暖翠微，墨香縑素忽忘機。白雲可得攜雙袖，留與山僧補衲衣。（吳哲夫）

討源合自翰林翁，一勺曹谿沾句中。精絜家庖收拾盡，待疏名理扇儒風。（袁保新）

風標公子渚邊明，博洽華夷性亦誠。長記珠江留晚照，寒雲扶夢過羊城。（朱建民）

寄懷兆祐炯陽

雙谿日潺湲，東吳枕翠嶂。辟雍狹如舟，樓館壓其上。系務曾勞心，論功豈多讓。相知本莫逆，此禍最無妄。反目成寇讎，所言雜嘲謗。兩雀爭未休，笑聲報鶯唱。吾聞古吳起，殺妻以求將。殘忍且薄行，蒸黎孰復諒。一君元賅博，儒術有厚望。棄文徒爭名，何異吳公樣？唯願捐前嫌，戮力事絳帳。共濟或截流，乖違必懲創。同心誼斷金，茲語豈欺誑。合去一念私，聲華若水漲。滄溟有時枯，師道殊難喪。展卷蕉花窗，芝山春浩蕩。

次韵酬戎庵

慚無才氣角揚雄，扶病旋知萬慮空。芳草全從春後綠，繁花留待蝶前紅。閒居人慕孔巢父，新詠世崇崔道融。隱讀渾如專一壑，朝陽杲杲綱溪東。

忽聞再疊前韵

忍閒耽寂是豪雄，一蹶翻教夢亦空。鯨口又銜孤月白，鯤身已謝萬花紅。江南文墨說劉勰，關右表章推竇融。鐵板銅琶懷古曲，驚濤誰唱大江東。

感時三疊前韵

無復江山鼓角雄，臺員早已戍樓空。炙天厲日將枯碧，照眼殘花漸墜紅。痛哭窮途悲阮籍，高才博議服牟融。祇今一峽通雙岸，可得歸居澧水東。

四疊韵寄戎庵龍定室

館舍休言氣象雄，滿園春是滿園空。欲來山雨雲俱黑，已落林花日獨紅。律盡森嚴師杜甫，文多華婉說崔融。弔黃樓古泯江秀，夢繞戎州住海東。

閒居雜詩五首

徐君來不速，晤敘接笙簧。人事隨禽換，瓷杯試茗香。論詞追義父，縮地效長房。永憶鯤南月，娟娟照海疆。信義見過

新來自搜句，偶爾學陰何。雨默蟬初嘒，門閑雀可羅。山如禪院靜，愁比髮絲多。病後成閒漢，貪看路客過。岑寂

炎方蝨生甲，危峽早和戎。國脈依經貿，民心啓聵聾。觀燈春冀北，訪剎舊吳中。得遂遨游願，神州任好風。憶往

簾卷鄰邱壑，相看不厭頻。偶然耽博塞，聊復近黃陳。一病違陶甓，重樓障庾塵。慣遲作酬答，卻是愛書人。閑居

山川古臨桂，風物異中州。巖穴生鐘乳，農郊富秫疇。群巒培塿秀，一水舫船游。亦有碑堪拓，林邊跡少留。舊遊